AF567870

STERNGEDANKEN

Andere Geschichten

für die weihnachtliche Zeit

Britta Grothues

Detlef Kuhn

Jürgen Kuhn

STERNGEDANKEN

Andere Geschichten
für die weihnachtliche Zeit

Patmos Verlag

INHALT

WINTERWÄRME

STERNGEDANKEN

SCHNEEKRISTALLE

WINTERWÄRME

Es gibt viel mehr
Licht,
als es jede Dunkelheit
erahnen lässt.

Es gibt viel mehr
Mut,
als es jede Angst
bezweifeln lässt.

Es gibt viel mehr
Tiefe,
als es jede Oberfläche
vermuten lässt.

Es gibt viel mehr
Wärme,
als es jede Kälte
erstarren lässt.

Es gibt viel mehr
Freundschaft,
als es jede Einsamkeit
beweinen lässt.

Es gibt viel mehr
Liebe,
als es jeder Hass
befürchten lässt.

EINE WEIHNACHTSFREUNDSCHAFT

Alle waren versammelt. Der Baum strahlte Weihnachtsglanz in die Augen. Sie saßen um die Großtafel und genossen das Festmahl. Fido lag auf seiner Decke und träumte vor sich hin. Sein Fell glich dem eines Löwen und seine Statur der eines Bären. Im Herzen aber war er ganz und gar und ganz tief ein Golden Retriever. Sein Name bedeutete wohl so viel wie treu und zuverlässig. Und das entsprach auch seinem Wesen.

So nahm der Abend seinen Lauf. Die Jungen und die Alten hatten einander viel zu erzählen. Geschichten wurden vorgelesen und Lieder gesungen. Besonders die Kinder erwarteten mit Spannung den Augenblick der Geschenke. Dann war es so weit. Ein gelungenes Geschenk kann unabhängig von seinem materiellen Wert sehr viel Liebevolles ohne Worte sagen. Die Schenkenden und die Beschenkten erlebten das in festlicher Gegenseitigkeit. Fido hatte sich von seinem Lager erhoben und stand schwanzwedelnd in der Mitte des Geschehens. Natürlich wurde auch er bedacht. Ihm wurde feierlich eine Köstlichkeit überreicht. Die nahm er mit Begeisterung an und trug sie in seinen Bereich.

Dieser Abend war zeitlos und zählte in sich selbst. Bis Fido für eine Unterbrechung sorgte. Mit einem Kurzbellen meldete er sich. Es war mehr ein Lautausatmen. Doch es weckte die Aufmerksamkeit der Anwesenden. Da stand er auch schon an der Tür und wurde nun deutlicher. Aufgeregt drängte er seine Menschen nach draußen. Diese kannten ihn und schenkten ihm Großvertrauen. Schnell nahmen sie die Warmkleidung vom Haken und folgten dem Hund. Das Haus lag in einem Seitental am Rand einer Schafweide. Diese grenzte an einen Waldhang. Es hatte gefroren. Der Winter hatte sich mit allen Eigenschaften eingestellt. Zitternd nahmen sie den Unterschied zwischen der Festbehaglichkeit und der Schneidekälte wahr. Fido war in die Dunkelheit vorangelaufen. Die anderen folgten ihm. Dann schlug er an. Er hatte etwas gefunden. Von seinem Lager aus hatte er das wahrgenommen. Vielleicht hatte er es auch nur in seinem Golden-Retriever-Herzen gefühlt.

Kurz darauf waren alle zur Stelle. Da sahen sie im Schnee ein Jungreh. Es lag da und zitterte. Fido hatte sich vorsichtig genähert und berührte es sanft mit der Nase. Aus eigenen Kräften konnte es nicht mehr laufen. Fido blickte vom einen zum anderen und dann wieder zu dem Findel. Da wickelten sie es in einen Schal und nahmen es mit ins Haus. Fido gab unmissverständlich den Ablageort an. So legten sie es auf seine Decke. Er begann sofort mit der Pflege und legte sich sanft daneben. Das Reh hatte ein tiefes Vertrauen zu ihm und schmiegte sich dankbar in sein Goldfell. Von da an waren beide unzertrennlich. Er nannte sie kurzerhand nach Hundeart »Wuff«, und das wurde allgemein angenommen.

Zur allgemeinen Freude kam die Patientin bald wieder zu Kräften. Voller Lebensfreude tobten beide durch den Hochschnee und ruhten sich danach auf dem Hundelager aus. Nach der Weihnachtszeit war das Reh wieder gesund. Es konnte nun tagelang im Wald unterwegs sein. Doch es kehrte immer wieder zurück. Dann tollten und spielten sie über das Land und fanden in eine Lebensfreundschaft. Und zu den Weihnachtsabenden erschien Wuff von da an regelmäßig am Saum des Waldes, als wollte sie dem Hund und seinen Menschen ein frohes Fest wünschen.

Britta Grothues

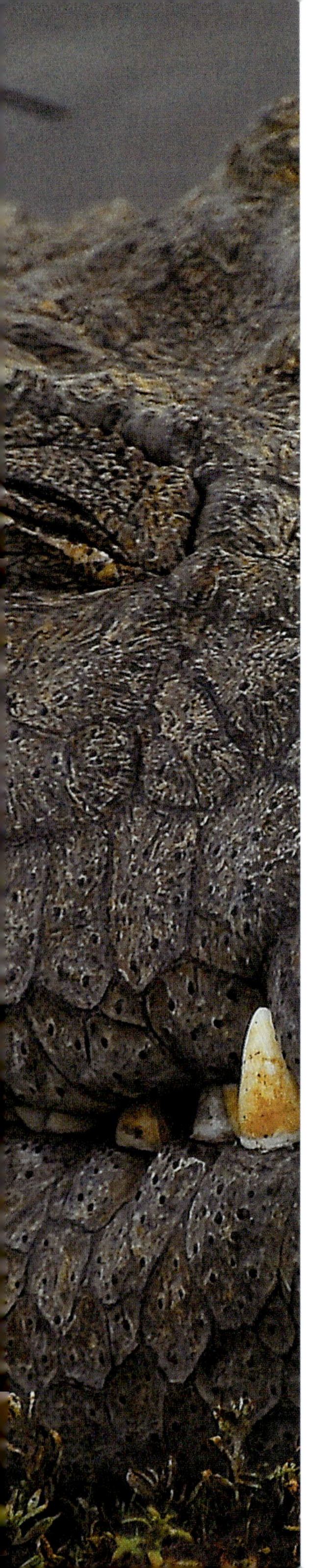

Es gibt die Herzen
voller bunter Farben
und Arglosigkeit.
Dort blühen Blumen
leuchtend hell
zu jeder Jahreszeit.

Dort wohnt
ein Lachen
voller Herzlichkeit.
Dort ist die Heimat
aller guten Möglichkeiten.

Da hat die Liebe
ihr Zuhause
mit ihren Kindern
Friede und Versöhnung.
Da ist es gut
und reich an Gastlichkeit.

Ein Herzklopfen
aus Freude und Begeisterung
geht aus von hier
und sieht auch hinter
dichten Wolken Sonnenlicht.

Das sind die
Menschenherzen.
Sie haben eine
grenzenlose Kraft in sich
und sind so stark,
dass alles Gute
nach und nach gelingen kann.

MADAME DUBOIS

In dieser Heiligen Nacht hat sich Madame Dubois später als gewohnt zur Ruhe begeben. Die Spuren des Festmahles sind beseitigt. Die Kerzen sind gelöscht. Ihr Kotten liegt am Rand des Waldes. Hier lebt sie seit vielen Jahren. Mit ihr zusammen wohnt ebenso lange der alte Simon. Die Leute im Dorf wissen nur wenig von ihr. Nur manchmal kommt sie vorbei. Dann besorgt sie das eine oder andere für den Tagesbedarf. Simon bleibt lieber zu Hause. Stets liegt ein freundliches Lächeln auf ihrem Gesicht. Sie trägt bunte Kleider und Blumenhüte von der Mode vergangener Tage. Alle Vorübergehenden erhalten einen herzlichen Gruß. Manchmal kommt es auch zu einem Kurzgespräch. Dabei geht es um das Wetter und Sonstiges. Hinter vorgehaltener Hand wird gemunkelt. Sie soll eine Künstlerin gewesen sein. Vielleicht ist sie auch eine Comtesse von Adel. Einige vermuten sogar reichen Schmuck in ihren Gemächern. Die Leute aus dem Dorf reden halt gern. In den Stuben und beim Wein ist jeder Gesprächsstoff willkommen. Den alten Simon hat noch niemand zu Gesicht bekommen.

Wie zu jedem Weihnachtsfest treffen sich alle zum Gottesdienst in der Dorfkirche. Das Glockengeläut in der Winterlandschaft und das Warmlicht aus den kleinen Fenstern bringen eine Feierlichkeit. Madame Dubois ist auch gekommen. Auf dem Heimweg werden Festwünsche gesagt. Dann legt sich Stille über den Ort. In den Tagen davor ist ein Fremder aufgetaucht. Im Gasthof hat er ein kleines Zimmer. Aufmerksam lauscht er den Lautgesprächen in der Schenke. An diesem Abend ist er nicht dabei. Sein Sinn steht auf Raub. Vor seinen Augen sieht er die Schmuckschatulle der alten Dame am Dorfrand. Sie lebt dort allein. Von Simon weiß er nichts. Madame

Dubois ist wie an allen Heiligen Abenden nach Hause gegangen. Alles ist vorbereitet. Sie zündet die Weihnachtskerzen an am Baum. Dann öffnet sie vergnügt eine angestaubte Flasche Chateau Moulin Haut Laroque 2009 und trinkt zu einer erlesenen Speisefolge das eine und das andere Glas dieser Köstlichkeit. Auch Simon nimmt nach seiner Art an diesem Weihnachtsereignis teil.

Jetzt haben sich beide zur Ruhe begeben. Madame Dubois ist noch wach. Ihre Gedanken wandern durch Erinnerungen. Da hört sie von draußen Schritte. Es sind Leiseschritte. Sie wollen nicht wahrgenommen werden. Ein Dunkelschatten huscht vorbei am Fenster. Nun wird die Klinke zur Haustür heruntergedrückt. Hier im Dorf bleiben die Türen unverschlossen. Jetzt ist er in der Diele. Madame Dubois schmunzelt in sich hinein. Der Fremde vermutet die Preziosen unter dem Bett der Dame. Auf Händen und Füßen schleicht er sich dorthin. Er fühlt sich unbemerkt. Dann tastet seine Hand unter das Bett. In der Erwartung reicher Beute liegt er flach auf dem Boden. Zentimeter um Zentimeter gleitet sein Arm in das Dunkel. Dann ein Schrei! In seinem Gesicht steht Entsetzen. Anstelle einer Schatzkiste hat er etwas Schuppenartiges und Scharfkantiges erfühlt. Wie sollte er auch um den Schlafplatz von Simon wissen? Der liegt eben unter dem Bett von Madame Dubois. Er ist schon alt und schläft mit offenem Maul. Und genau da hinein hat der Dieb gegriffen. Simon hat nur ein wenig gebrummt. Er ist ein betagtes Leistenkrokodil und nach der Festmahlzeit sehr müde. Der Fremde aber nimmt schreiend Reißaus. Madame Dubois ruft ihm noch freundlich nach: »Frohe Weihnachten, guter Mann!« Dann zieht sieht die Decke über die Nase und schläft ein.

Detlef Kuhn

Ist es nicht verrückt,
dass es mitten in
der Welt
den Frieden gibt?
Und gerade dort,
wo niemand
ihn vermutet?

Ist es nicht verrückt,
dass es mitten in
der Welt
Versöhnung gibt?
Und gerade dort,
wo Streitgestein
unüberwindbar scheint?

Ist es nicht verrückt,
dass es mitten in
der Welt
die Menschlichkeit gibt?
Und gerade dort,
wo Härte und Gewalt
zu Hause sind?

Ist es nicht verrückt,
dass es mitten in
der Welt
die Liebe gibt?
Und gerade dort,
wo niemand
mit ihr rechnet?

EINE VERRÜCKTE IDEE

An einem Morgen wachte sie auf und hatte eine verrückte Idee. Nach dem Frühstück brach sie auf und ging in die Stadt. Einen Notizblock hatte sie dabei und einen Stift. In Gedanken ging sie alle Punkte genau durch. Heute war ihr freier Tag. Zeit hatte sie genug. In der Vorweihnachtszeit hatte die Stadt sich herausgeputzt. Das kam ihrer Stimmung und ihrer Idee entgegen. Dann begegnete sie dem Ersten. Er war ungepflegt und von einer Aura aus Billiggetränken umgeben. Sie sprach ihn an und erzählte ihm von ihrer Idee. Da lachte er laut über den Bahnhofsvorplatz. Sie notierte einige Dinge und ging nach einem höflichen Abschiedsgruß weiter. In der Fußgängerzone traf sie die Zweite. Die saß auf einer Decke vor dem Kaufhaus und hielt den Leuten einen Becher hin. Darin lagen einige Kleinmünzen. Es war noch früh am Morgen. Auf ihr Nicken hin setzte sie sich neben sie. In die staunenden Augen hinein beschrieb sie das Vorhaben. Dann schrieb sie etwas in ihr Buch und ging weiter. Die auf der Decke rief ihr noch gute Wünsche nach. Den Dritten fand sie an einem Abfallkorb. Da suchte er nach Leergut und Brauchbarem oder gar Essbarem. Der wollte zuerst nicht gestört werden. Doch sie gab nicht auf. Schließlich wandte er sich ihr zu und schenkte ihr Aufmerksamkeit. Sie notierte seine Worte und lächelte ihn an. So ging es den ganzen Vormittag über. Um die Mittagszeit war der Grundstein für ihre Idee gelegt. An einem Weihnachtsmarktstand trank sie einen Glühwein und wärmte sich auf. Es war ziemlich kalt. Sie hatte mit verschiedenen Leuten aus der Stadt Gespräche geführt und von ihrer Idee erzählt. Niemand hatte sie abgewiesen. Aber die meisten hatten laut gelacht. Am Nachmittag begab sie sich nach Hause. Den Abend verbrachte sie mit der Auswertung ihrer Notizen. Sie hatte an alles gedacht. Es war ja auch nur eine verrückte Idee. Dann kehrte sie zurück in ihren Normalalltag und verrichtete Unverrücktes. Der Heilige Abend fiel in diesem Jahr auf einen Sonntag. Am Samstag vor dem Fest saß sie bei sich und hörte die Nachrichten. Danach sprang sie auf und lachte laut. Sie tanzte durch die Wohnung und konnte es nicht begreifen. In der Nacht fand sie keinen Schlaf. Sie dachte an ihre verrückte Idee und deren Folgen.

Am nächsten Tag ging sie zur vereinbarten Stelle am Bahnhof. Zu ihrer Überraschung waren schon alle da. Sie kannten einander und unterhielten sich. Dann blickten sie zu ihr hinüber. Bei ihrem Stadtunternehmen hatte sie allen eine Weihnachtstüte mit Weihnachtssachen versprochen. Die hatte sie in einem Korb dabei. Die Gruppe kam ihr entgegen. Mit den besten Grüßen übergab sie den Frauen und Männern die Festgaben. Dann sollten sie einen Kreis bilden. Sie waren an diesem Abend die Einzigen auf dem Platz. Jetzt kramte sie aus ihrer Handtasche einen Zettel hervor und sprach noch einmal einen Festgruß. Sie hatte auf ihrem Weg durch die Stadt von jeder und von jedem aus dem Kreis eine Zahl notiert und den jeweiligen Namen aufgeschrieben. Dann hatte sie die Zahlen in ein Lotterielos eingetragen und an der Annahmestelle abgegeben. Und jetzt hatten sie den Jackpot geknackt. Die Zahlen stimmten und erzielten ein astronomisches Ergebnis. Alles war abgesprochen. Ein Teil des Gewinnes ging an wohltätige Zwecke und der Restgewinn wurde in angemessener Art jeder und jedem aus der Runde für die Zukunft übergeben. Auch sie erhielt ihren Teil. Dann gingen sie mit guten Gedanken in das Fest und in eine neue Zeit.

Detlef Kuhn

1
7
8
14
13
12
20
28
19
27
18
26
34
25
33
23
31
39
30
38
29
37
45
36
44
43

Die Liebe ist
wie ein Tanz
in einem Rhythmus,
dem sich jeder anvertrauen kann.

Die Choreografie
der Liebe
ist eine Schrittfolge
aus menschlicher
Behutsamkeit und
Achtsamkeit,
aus Feingefühl,
Aufmerksamkeit
und aufgeblühter Menschlichkeit.

Die Liebe ist
der Schlüssel
zu der Sternenwelt der Herzen,
die darauf warten,
von ihr berührt
und angehaucht zu werden.

Die Liebe ist
ein Lied mit
immer neuen Strophen.
Sie kennt kein Ende,
weil sie ewig ist.

DIE ANTWORT

Sehr bald erkannte sich C als Erfolgsmensch. Im Vergleich mit anderen war er in allen Bereichen überlegen. Zukünftig wollte er in der Ausstattung seiner Hochbegabung Bestes erreichen. C sah sich in der Berufswelt in Bedeutungspositionen. Sein Ziel war die Spitze. Aus der Lebenserfahrung empfand er das als angemessen. Als Meilensteine seines Weges wählte er den Ruhm, die Ehre und den Wohlstand. Mit seinen geistigen und körperlichen Ausnahmekräften erreichte er kurzzeitig alles Erreichbare. Sein Wort hatte Gewicht. Vorübergehend bereitete ihm diese Tatsache Freude und Vergnügen. Überall genoss er Großanerkennung. Viele verbeugten sich tief vor ihm. In der Öffentlichkeit war er bekannt und verehrt. Dann erkannte er den Gipfel seiner Siege als Grenze. Er hatte alles erreicht. Er konnte sich alles leisten. Er war überall beliebt und gern gesehen. In diesem Lebensglanz kamen ihm andere Gedanken. Er wollte mehr. Ihn umgaben Fesseln aus Gegebenheiten. Die Gesellschaft begleitete jeden seiner Schritte mit Hochspannungsaufmerksamkeit. Auf dieser Höhe werden Fehler nicht verziehen. Das missfiel ihm. Er fühlte sich in seiner Freiheit eingeschränkt. Ruhm, Ehre und Wohlstand hatten ihn vorübergehend gesättigt. Doch sein Hunger war noch lange nicht gestillt. Da sah er über seine Grenzen hinaus und entdeckte ein neues Ziel: die Macht!

Mit seinem Können und mit seinem Wissen würde er es da draußen bald weit bringen. Halbheiten zählten für ihn nicht. Er wollte alles. So setzte er sich auseinander mit den Sondergesetzen der Macht. Hier zählten nicht mehr Ruhm und Ehre. Er begann die Vorteile von Gewalt, Lüge und Ausbeutung zu schätzen. In dieser Welt zählten Stärke und Schnelligkeit. Er lächelte mitleidig über seine Vergangenheit und gelangte in einen Rausch aus Rohgewalt. Er sagte den Leuten seine Lügen in das offene Gesicht und kassierte den Preis des Betruges. Er war gefürchtet. Gegnerschaften wurden mit Gewalt gelöst. Und er war immer der Sieger. Zu seinem Vorteil schuf er Abhängigkeiten an allen Orten. An jedem Krieg verdiente er. Aus den dunklen Geschäften dieser Erde zog er Profit. Seine Befehle wurden ausgeführt. Er hatte den Zenit der Macht erreicht. Aber das konnte es noch nicht gewesen sein. In ihm lebte immer noch ein Hunger und ein Durst. Irgendetwas brannte in ihm und ließ ihn nicht zur Ruhe kommen.

In diesen Tagen begegnete C dem C. C blickte C an und befand ihn als Leichtgewicht. Wie alles und wie alle wollte er ihn leicht auf die Schulter nehmen. Aber das ging nicht. Zum ersten Mal in seinem Leben fühlte er sich schwach. Bisher war ihm alles ohne Mühe gelungen. Jetzt aber war alles anders. C vergaß Ruhm, Ehre und Wohlstand. C vergaß Gewalt, Lüge und Ausbeutung. Seine Vergangenheit kam ihm leer und sinnlos vor. Alles hatte an Bedeutung verloren. Hier stand der große C wie vor einem Kind und fand keine Worte. So sehr er es auch versuchte. C war für ihn zu schwer. Er fühlte sich angekommen in einem großen Geheimnis. Er fühlte, dass seine Suche durch ein Tor in eine unendliche Weite führen würde. »Sag mir deinen Namen!« C war auf die Knie gesunken. Da kam die Antwort, leise und klar: »Ich bin – und mein Name ist –: Liebe!«

Britta Grothues

Es ist ein unendlicher Raum
für den Frieden
und die Liebe.
Warum gerade ihm,
dem Frieden,
und ihr,
der Liebe,
zu wenig Vertrauen
angetragen wird,
ist ein Geheimnis.

Es ist eine unendliche Weite
für die Versöhnung
und das Miteinander.
Heraus
aus diesen Mauern
aus Gewalt und Dunkelheit!
Befreit
von diesen Ketten
aus Verrat und Lüge!

Es ist ein großes Aufatmen
im Aufeinanderhören,
im gegenseitigen Verstehen,
im Vergeben und Versöhnen.

Bisweilen
wird es deutlich,
wie wunderschön es ist,
ein Mensch zu sein.

FERNWEH

An einem Sommertag sah er den ersten Vogelzug. Bei diesem Anblick überkam ihn oft ein Fernweh. Sie flogen frei in ihrer Ordnung durch die Luft. Weit über die Gipfel der Berge und über Grenzen. Ihr Schrei war wie ein Ruf zum Aufbruch. Sie waren in der Welt zu Hause und kannten im Geheimen ihre Fahrt. Er war nicht unzufrieden. Ihn berührte die Freiheit ihres Flügelschlags. Ihr Erscheinen ließ sein Herz klopfen. Hier im Tal war er zu Hause und glücklich. Aber in ihm lebte mehr als der Ablauf der Zeit. Es war etwas sehr Gutes in ihm. Dann waren sie weitergezogen zu Fremdfernzielen. Für eine Zeit überließ er seine Blicke den Wolken. Er staunte über die Leichtigkeit. Er fühlte keinen Unterschied zwischen Himmel und Erde. In ihm war etwas angekommen. Damit wollte er leben. Den nächsten Schritt setzte er über jeden Horizont hinaus. Seine Seele hatte ein Lied angestimmt. So brach er auf in eine Welt hinaus über alle Träume. Er war frei.

Auf seinem Weg durch die Wirklichkeit erreichte er am Wegrand ein Kleinhaus. Dort lebte ein Paar seit Zeiten. Sie waren alt geworden und saßen wie an jedem Tag auf einer Bank vor der Tür. Er grüßte sie und sah die Lücke im Holzvorrat für den Winter. Sie grüßten auch und nahmen sein Angebot dankbar an. Von da an kam er immer wieder zu ihnen und legte Holzscheit auf Holzscheit. Eigentlich war er Hirte und verbrachte die Zeit mit seinen Schafen. Aber er hatte das Sehen gelernt und war bei den Leuten sehr geschätzt. Er dachte nach und erkannte Zusammenhänge.

Die Leute sahen den wachsenden Holzvorrat für die beiden Alten. Das gab ihnen zu denken. Überall wurden nun die Holzstapel ergänzt. Nachbarn halfen einander. Es lebten manche

Alte dort. Einige konnten mit Axt und Säge nicht mehr umgehen. Auch da war er zur Stelle. Aber mit ihm sorgten viele für viele. Es entstand eine Holzgemeinschaft. Die Menschen fühlten sich miteinander verbunden und genossen die neue Gemeinschaft. Auf den Straßen und Wegen standen sie beieinander und tauschten Erfahrungen und Erlebnisse aus. Oft sprachen sie über den Winter. Hier in den Bergen waren Naturgedanken immer bedeutsam. Die Holzvorräte hatten sie aufmerksam gemacht. Im Wirtshaus trafen sie sich und schmiedeten Pläne für den Winter. So etwas hatte es vorher noch niemals gegeben. Es wurde ein Notdienst eingerichtet. Mit vereinten Kräften sicherten sie die Häuser gegen die Gefahr der Lawinen. Niemand fragte nach dem Warum. Alle packten mit an. Sein Holzvorrat hatte sie ins Denken gebracht.

Und dann kam der Winter. Er kam sehr viel früher als sonst. Und er kam mit einer Strenge ohne jedes Beispiel. Es schneite Tag und Nacht ohne Ende. Schneeberge türmten sich. Eisgewalten beherrschten das Land. Sie aber waren darauf vorbereitet. Gemeinsam gelang ihnen das Winterleben. Ohne Schaden überstanden sie die Zeit. Und als die Schneeschmelze vorüber war und die Hänge wieder grünten, trafen sie sich zu einem Fest. Der Bürgermeister hielt eine Rede und hob das Glas auf den Schafhirten. Der aber wies jedes Lob von sich und verwies auf die Zugvögel. Die hatten ihn auf die Idee des Winters gebracht. Da meldeten sich die beiden Alten zu Wort und sagten: »Es waren nicht die Vögel. Es war dein Herz.

Detlef Kuhn

STERNGEDANKEN

Menschen können
füreinander
Himmelsboten sein.

Die Wege kreuzen sich
oft ungeplant
und lassen Wirklichkeiten
wahr werden,
die der Alltag
nicht für möglich hält.

Ein Mensch kann einem
Menschen
unvorstellbar Gutes tun
im täglichen Geschehen
mit den Mitteln
reiner Menschlichkeit.

Der Mensch ist eine
herrliche Erfindung
Gottes
für die Ewigkeit.

AM HEILIGEN ABEND

Für diese Fahrt hat er sich selber eingeteilt. Zum Fest sind alle gern zu Hause. Doch es ist ein guter Auftrag. Der Jungunternehmer hat seine Frau angeblickt und Zustimmung erhalten. Da hat sie sich neben ihn gesetzt und ist mitgefahren. Sonst bleibt sie zurück und versorgt das Büro. Das ist der erste Einsatz für den Luxusreisebus. Der verfügt über allen Komfort und beschert ein angenehmes Reisen. Die beiden genießen die gemeinsame Zeit. Seit dem Frühmorgen sind sie auf der Rückfahrt. Die Gäste sind in ihrem Winterweihnachtsurlaubsort gut angekommen und haben einen großen Dank gesagt. Dann standen sie vor dem Hotel und haben noch lange gewunken. In der Dämmerung fällt Weihnachtsschnee. Aus den Lautsprecherboxen rieselt Musik. Bald haben sie ihr Ziel erreicht. Sie freuen sich auf den gemeinsamen Abend und planen ein Nachtmahl mit Festgetränken.

Zuverlässig rollt der Diesel über die Landstraße. Die Schneeflocken tanzen im Scheinwerferkegel. Rechts und links säumen Waldbäume die Fahrt. Da sehen sie vor sich die Warnlichter eines Autos. Er verringert das Tempo und schaltet die Gänge herunter. Im Näherkommen erkennen sie einen Mann. Der hält die Arme hoch und wiegt sie hin und her. Er scheint etwas zu rufen. Sein Gesicht zeigt Verzweiflung und Not. Die beiden blicken einander an und nicken. Das Essen kann warten. Vorsichtig bringen sie den Bus auf der Winterstraße zum Stehen. Jetzt steigen sie aus der Wärme in die Frostkälte.

In dem Wagen vor ihnen sitzt eine junge Frau. Der Mann kommt auf sie zu und dankt für das Anhalten. Das Paar war zu Hause aufgebrochen, weil es soweit war. Nach neun Monaten deutete an diesem Abend alles auf die Geburt ihres ersten Kindes hin. Da hatten sie sich auf den Weg gemacht. Alles war vorbereitet. Kurz vor dem Start hatten sie noch im Kreiskrankenhaus angerufen. Dann waren sie aufgebrochen. Alles lief nach Plan. Sorge und Freude teilten sich in ihnen. Auf diesen Tag hatten sie so sehr gewartet. Doch plötzlich setzte der Motor aus. Mitten in dieser Waldeinsamkeit blieb der Wagen stehen. Der Mann versuchte immer wieder einen neuen Start. Doch es kam nur das Schwachgeräusch des Motors. Schließlich war die Batterie aufgebraucht. Da standen sie. Und die Zeit lief weiter. Ab und zu kam ein Auto vorbei. Doch niemand hielt an.

Die Frau muss dringend ins Krankenhaus. Die Geburt kann jetzt jederzeit einsetzen. Da ist keine weitere Absprache nötig. Die Frau öffnet schon die Wagentür und begleitet die werdende Mutter in den Bus. Die beiden Männer laden das Gepäck um und sichern das Fahrzeug. Über fünfhundert Pferdestärken werden in Gang gesetzt und gehorchen. Dankbar sitzt das Paar warm und gemütlich. Das Krankenhaus wird informiert. Sie liegen gut in der Zeit. Zu dem Reiseunternehmen gehört auch ein Abschleppdienst. Der kümmert sich um den Wagen im Wald.

Sie erreichen die Zufahrt zum Hospital. Dort steht ein Team bereit und versorgt die Ankömmlinge. Im Davonfahren sieht der Fahrer sie beim Blick in den Rückspiegel im Gebäude verschwinden. Noch bevor sie zu Hause sind und den Reisebus abstellen, ist in dieser Nacht ein Kind zur Welt gekommen.

Jürgen Kuhn

Dem menschlichen Geist
stehen dienstbare Geister zur Seite.

Es sind die Augen,
die das Sehen möglich machen.
Die Augen sind zwar kontrollierbar,
doch sie unterscheiden nicht.
So sind die Augen
offen oder geschlossen.
Mit Bildern nähren sie den Geist
und liefern ohne Ende.

Es sind die Ohren,
die das Hören möglich machten.
Die Ohren sind manipulierbar,
doch treffen sie von sich aus
niemals die Entscheidung.
Sie liefern die Geräusche ab
und lassen sie ein.

Der Geist entscheidet,
bis wohin die Bilder und die Laute gehen.
Der Geist bestimmt,
ob sie im Auge und im Ohr
die Grenze finden.
Der Geist bestimmt,
ob sie ins Herz gelangen dürfen.

Denn wenn das Herz
mitsehen und mithören kann und darf,
erwacht das Leben.

DER KÖNIG UND DAS KÖNIGSKIND

Ein König wollte seinem Kind eine Freude bereiten. Dazu wollte er ein Märchenschloss erbauen lassen. Es sollte alles übertreffen. Tag und Nacht mussten Scharen von Arbeitern, Künstlern und Planern daran arbeiten. Zum Geburtstag musste alles bereit sein. Ohne Rücksicht trieb er den Baumeister an. Und dieser gab den Königswillen unerbittlich weiter an die Untertanen. Bei denen herrschte große Not. Dann war der Tag gekommen. Die letzten Arbeiten waren getan. Da ließ der König die Kutsche vorfahren. Nur er und das Königskind saßen darin. Sechs weiße Pferde zogen den goldenen Wagen. So erreichten sie das Schloss. Erwartungsvoll blickte der Monarch in die Kinderaugen. Doch ihm begegnete nur Enttäuschung. Sie betraten nicht einmal das Innere der Anlage. Wortlos kehrten sie heim.

Am Abend des Festes ohne Freude ließ er seinen treuen Berater zu sich in den Thronsaal kommen. Dieser allein durfte dem Herrscher die Wahrheit sagen. Von Kindheit an stand er ihm zur Seite. Traurigkeit erfüllte den Raum. Ohne Worte stand die Frage im Raum. Das Märchenschloss sollte in seiner Schönheit Freude hervorrufen und das Königskinderherz jubeln lassen. Jedoch das Gegenteil war eingetreten. Nach einer Zeit wurden Worte gesagt. »Wirkliche Schönheit entsteht nur im Glanz herzlicher Güte.« Der König nahm die Worte auf und begab sich in seine Gemächer.

So verging ein Jahr. Wieder stand der Geburtstag des Königskindes an. Mit den Worten jenes Abends im Ohr hatte der König alles in seiner Macht Stehende vorbereitet. Es sollte der Tag der tausend Geschenke werden. Und eines sollte kostbarer sein als das andere. Der große Schlosssaal war dazu hergerichtet. Ein ganzes Jahr lang hatte der König gesucht und gesammelt und vorbereitet. Er wollte sein Königskind mit Reichtum, Ruhm, Ehre und Ansehen überhäufen. Die Königskinderaugen sollten vor Freude leuchten und strahlen. Doch es kam anders. Es waren zu viele Geschenke. Der Großteil von ihnen blieb unbeachtet liegen. Zornig stampfte das Königskind auf den Boden und ging davon. Über dem Tag mit weiteren Festlichkeiten lag die Wolke der Enttäuschung.

Am Abend rief der König seinen Berater. Das Schweigen durchströmte die vier Wände wie Winterfrost. An diesem Abend begriff der König die Worte des Weisen. Er musste den Rat durch die Ohren bis in sein Herz dringen lassen. Reichtum, Ruhm, Ehre und Ansehen sollten das Kind erfreuen. Doch die Worte des Alten erreichten nun das Herz des Mächtigen: »Wenn du deinem Kind mit Reichtum, Ruhm, Ehre und Ansehen eine Freude bereiten willst, beschenkst du es mit Luft.« Mit diesen Gedanken begab sich der König zur Ruhe.

Schon am nächsten Tag brach er mit dem Königskind und großem Gefolge auf in sein Land. Die zwei Königlichen gaben den Arbeitern gerechteren Lohn; den Kranken brachten sie Heilmittel; den Alten ließen sie gute Versorgung zukommen; den Armen gaben sie Unterstützung und neue Hoffnung. So hielten sie es tagein, tagaus. Als dann der Jahrestag da war, lud das Königskind alle Kinder ein auf das Märchenschloss. Das war bald erfüllt von Lachen und Singen. Gemeinsam packten sie die Geschenke des Vorjahres aus. Und wer eines schön fand, durfte es behalten. Das Königskind strahlte vor Glück und Freude. Als der Abend kam, saß es mit seinem Vater auf dem Thron im Thronsaal und war eingeschlafen. Leise flüsterte der Berater: »Wer durch die Ohren bis ins Herz hört, kann mit seinen Händen Freude und Liebe schenken.«

Britta Grothues

Freude zu bereiten
ist die Fähigkeit
der Engel.

Einen Wunsch
zu erkennen,
weil man ihn
wahrnimmt
auch ohne Worte,
ist Herzkunst.

Ein Herzwunsch
kann klein
und unscheinbar sein.

Ein Herzwunsch
ist die leise Bitte
eines Wesens.

Wer einen
Herzwunsch versteht,
kennt die
Geheimsprache
der Seele.

DIE KATZE VOR DER KRIPPE

Mit dem ersten Schnee war auch die Wunschzettelzeit gekommen. Im Dorf wetteiferten die Kinder miteinander. Engelglitzerglanzbilder verzierten die Schönschrift. Im Lauf des Advents wurden die Listen länger. Manche mussten auch ganz neu aufgestellt werden. Im vorweihnachtlichen Gedankenaustausch kamen immer neue Wunschanregungen. In Festbescheidenheit wurde auch weniger Bedeutsames gestrichen. Manches wurde auch in Leuchtfarbe besonders betont. Der geheimnisvolle Adressat sollte auf den ersten Blick die Wichtigkeit erkennen. Die besten Orte zur nächtlichen Übergabe wurden besprochen. So ein Weihnachtswunschzettel durfte auf keinen Fall in falsche Hände geraten. Ein Verlust gar wäre unvorstellbar. Die Mädchen und Jungen verfügten über gute Vorräte an Buntstiften und Kunstzubehör. So wurden im Lauf des Advents die Wünsche deutlicher und verbindlicher.

Allerdings war das nicht überall so. Der Zettel der Dorfschreinerstochter war trotz aller Verzierungen noch ohne jeden Eintrag. Auf alles wollte sie von Herzen verzichten. Denn sie wünschte sich nur als Kameraden eine Katze. Für die wollte sie sorgen. Und mit ihr wollte sie Mädchenabenteuer erleben. In ihrer Märchenwelt konnten Menschen und Tiere einander verstehen und miteinander reden. Vergeblich bemühten sich die Eltern um andere Wunschvorschläge. Um die Weihnachtszeit gibt es ja viele Möglichkeiten. Das traf auch für die Tochter zu. Bei dem Gedanken an die Spielsachen und Bilderbücher leuchteten ihre Augen. Doch der eine Wunsch blieb bestimmend. So kam der Heilige Abend. Die Eltern kannten die eine Wunschzettelbitte. Das Mädchen hatte den versiegelten Briefumschlag vor das Kirchportal gelegt. In den Tagen davor hatten die Eltern unbemerkt den Pfarrer aufgesucht. Dann erstrahlte der Weihnachtsbaum. Die Familien waren beieinander und feierten die Geburt des kleinen Jesus. Im Dorfschreinerhaus saßen sie zum Abendessen zusammen. Danach wurde die Weihnachtsgeschichte von Betlehem vorgelesen. Das war immer die Aufgabe des Vaters. Weihnachtslieder wurden gesungen von der Heiligen Nacht und der fröhlichen Zeit. Schließlich kam der Augenblick der Bescherung. Ein frohes und gesegnetes Fest wurde dazu gewünscht. Alle Geschenke waren liebevoll ausgedacht. Aber der Herzenswunsch der Tochter blieb unerfüllt. Sie verbarg ihre Enttäuschung und dankte für das Erhaltene.

Doch sie hatte bei den Eltern in den vergangenen Tagen geheimnisvolles Verhalten wahrgenommen. Darum pochte ihr Herz in unbestimmter Erwartung. Auf dem Weg zur Christmette ging sie in der Mitte. Sie fühlte, dass noch etwas in der Winterluft lag. Die Bänke hatten sich schon gefüllt. Vorbei an Predigt und Weihnachtsliedern wanderten die Kindergedanken auf und davon. Dann war Schluss. Schon halb auf dem Heimweg kehrten die Eltern um. Hand in Hand gingen sie durch den Seitengang bis zur Krippe. Dort lag der geöffnete Wunschzettel des Mädchens. Und davor wartete eine Schachtel mit einer roten Schleife. Ergriffen löste das Kind behutsam das Band. Mit beiden Händen hob sie den Deckel und blickte in die großen runden Augen ihrer kleinen Katze. Die begrüßte sie mit einem Katzenschnurren und schmiegte sich in ihren Arm. Noch in der Kirche wurde der Name festgelegt. Von diesem Augenblick an hieß das Kätzchen »Moses im Karton«. Denn auch der große Prophet war ja in einem Korb gefunden worden. »Moses im Karton« aber erlebte ein langes Katzenglück an der Seite seiner neuen Freundin.

Britta Grothues

Zur Versöhnung
führt bisweilen
eine weite Straße.

Eine Friedenshand
ist manchmal
zentnerschwer.

Ein Vergebungswort
geht oft
mit schweren Zungen
über irgendwelche Lippen.

Ein erster Schritt
steckt immer wieder
fest in Sümpfen.

Ein Lichtgedanke
leidet Zeiten lang
in Dunkelheiten.

Doch
hinterher
geht eine neue Sonne auf.

MONT-SAINT-MICHEL

Über die Dammstraße nähert sich eine Gruppe dem Mont-Saint-Michel. Im Morgendunst färbt sich das Licht in mystisches Gold. Auf dem Fußweg berührt die Magie dieses Ortes die Sinne. Erst allmählich werden die Ausmaße deutlich. Andächtigkeit macht den Anweg zur Pilgerschaft. In der Luft flimmert die Erinnerung der Geschichte. Im Näherkommen verstummt die Unterhaltung. Schweigend gehen sie durch das Stadttor. Vor dem Café La Mère Poulard mit dem berühmten gallischen Omelett treffen sie ihren Stadtführer. Der wird sie an diesem Tag begleiten und die Geheimnisse des Ortes zeigen und erklären. Dazu nimmt er die Reisegruppe in seiner Reisegruppenführersprache zunächst mit in die Kirche Saint-Gervais von Avranches. Dort liegt eine Reliquie von St. Aubert. Es ist sein Kopf. Darin befindet sich ein fingerrundes Loch. Der heilige Bischof Aubert von Avranches ist auf Wunderweise dazu gekommen.

Die Legende erzählt von einem Traum aus dem Jahr 708. Da erschien ihm der Erzengel Michael und beauftragte ihn mit dem Bau eines Sanktuariums auf der Felseninsel. Aber der Bischof dachte gar nicht an den Bau einer Kirche oder eines Heiligtums. Doch der Himmelsbote gab nicht auf und wiederholte seine Worte wieder und wieder. Der Bischof jedoch folgte ihm nicht. Da presste der heilige Michael seinen rechten Zeigefinger gegen den Bischofskopf und brannte jenes Loch in sein Gedächtnis. Das beeindruckte den Kirchenfürsten. So entstand um das Jahr 709 die erste Kirche von Mont-Saint-Michel. Mit vielen historischen und legendären Geschichten verkürzt der Reiseleiter die Besichtigungsstunden. Die Gruppe folgt ihm in Touristenformation. Der Nimbus der Felseninsel tut seine Wirkung. Dennoch liegt eine Dunkelwolke über allem.

Unabhängig voneinander hatten sich nämlich zwei zeitlos Zerstrittene zur Fahrt angemeldet. Und nun sind sie dabei und liegen mit Zentnerlast auf der Stimmung. Gutes Zureden hilft nicht. In weiter Vorzeit lag irgendetwas Unversöhnliches. Doch manchmal geschehen Dinge. Am Abend sitzen sie nach normannischer Art beieinander und genießen die Speisen und Getränke der Region. Die Verfeindeten sitzen weit voneinander getrennt und vermeiden Blickkontakt. Nach den Käsespezialitäten mit den großzügigen Aromen des Camembert de Normandie, des Livarot, des Pont-l'Évêque und des Neufchâtel wird das eine oder andere Glas der zwanzig Jahre alten Calvadoslegende Château du Breuil gereicht. Das lässt Gesang und Lachen aufkommen. Erst zur Spätstunde begeben sich die Letzten zur Ruhe.

Zum Frühstück sind Spurengesichter zu sehen. Der Abend ist nicht ohne Folgen geblieben. Auch die Unversöhnlichen kauern mit Leidmine vor dem Croissant. Die Gespräche sind leise. Manche Tasse Café au lait will getrunken sein. Erst allmählich kehrt das Leben in die Reisegruppe zurück. Da erhebt sich der Reiseleiter und verkündet das Tagesprogramm. Zum Schluss bemerkt er mit einem Augenzwinkern: »Allen Kopfleidenden wünsche ich gute Besserung.« Und mit einem Wechselblick auf die Zerstrittenen fährt er fort: »Vielleicht hat Saint Michel ja auch den einen oder anderen mit dem Finger am Kopf berührt. Vielleicht könnte dann noch heute ein Sanktuarium der Versöhnung errichtet werden.« Da fühlen sich beide angesprochen und angerührt. Vor der Gruppe erheben sie sich und gehen aufeinander zu. Ein Herzapplaus begleitet Händedruck und Umarmung.

Detlef Kuhn

Es ist ein schönes Lachen,
in das
alle einstimmen.

Es ist ein herrlicher Humor,
der niemanden verletzt
und nie auf fremde Kosten geht.

Es ist ein Kunstwort,
das die Menschen fröhlich stimmt
und sie von Herzen
lächeln lässt.

Es ist ein Herzblick,
der die Anerkennung
und den Mut bereitet.

Es ist die Rücksicht,
die nach vorn sieht
und richtungsweit
behutsam ist.

DER LETZTE STREICH

Schon als Kinder waren sie für ihre Streiche furchtbekannt. Oft saßen sie an geheimen Orten zusammen und schmiedeten Pläne für immer neue Opfer. Meistens konnten nur sie über die Derbspäße lachen. Den Betroffenen blieb in der Regel nur ein Zwanglächeln. Sie aber hatten ihren Spaß. Auch im Älterwerden trafen sie sich und entwickelten Neuspäße. Dabei waren sie durchaus großzügig. Außerhalb ihrer Gruppe waren sie mittlerweile Wichtigmenschen in Respektberufen.

Dann lud der Erste aus dem Kreis zur Hochzeit ein. Er tat das sicher in einer Dunkelahnung. Und die sollte sich bewahrheiten. Da wurde ein Buffet aus Köstlichkeiten aufgebaut. Das hatten die anderen gespendet. Das war großzügig. Viele Gäste waren versammelt. Die Feier wurde mit einer Ansprache des Brautvaters eröffnet und das Mahl freigegeben. Da entstand auf dem Flur eine Unruhe. Mit vereinten Kräften schoben die Spaßmacher ein großes Gerät in den Raum. Musik und Gespräch verstummten im Augenblick. Dann ein Knall – und aus einer Konfettikanone ergoss sich ein Papierregen über Schüsseln, Platten und Teller. Schweigen füllte den Saal. Sie aber amüsierten sich und prosteten dem Paar zu. So waren sie.

Einige Monate später heiratete der Zweite. Wieder waren sie eingeladen. Wieder hatten sie sich etwas Besonderes ausgedacht. Sie schenkten dem Paar ein Erlebniswochenende in einem Sternhotel. Das war großzügig. Doch anstelle eines Gutscheins oder einer Geldsumme schleppten die Herren Leergut im Gegenwert herbei. Überall lagen Flaschen und standen Bierkästen. Ihr Lachen fand kein Ende. Die Festgemütlichkeit war dahin. Sie aber hatten es wieder einmal geschafft. So kam ein Polterabend nach dem anderen. Eine Hochzeit folgte der nächsten. Waschbecken, Badewannen, Teller und Kaffeekannen in Großmengen landeten vor den Türen der Feiernden. Und immer musste das Alte überboten werden.

Dann war nur noch einer übrig. Der letzte Hochzeitsstreich stand an. Aus irgendeinem Grund fiel der Festtag auf einen Samstag im Advent. Der Älteste von ihnen hatte zu der Zeit bereits eine Tochter. Sie mochte damals gerade vierzehn Jahre alt gewesen sein. Zur Planung trafen sich die Männer dort und begannen mit der Ideensammlung. Es wurde in der Vorfreude auf den zu erwartenden Spaß laut gelacht. Da öffnete sich die Tür und das Mädchen trat herein. Staunblicke richteten sich auf sie. Sie aber blickte ernst zurück und erteilte dem Kreis eine Lehre. Sie empfand die Streiche ihres Vaters und seiner Kumpane als peinlich und dumm. Sie konnte darin nichts Lustiges oder Freundliches entdecken. Es war einfach dumm, dumm, dumm. Sie hatte allen Mut zusammengenommen. Aber das musste sie sagen. Dabei hatte sie unwissentlich der Braut aus dem Herzen geredet. Die hatte bei verschiedenen Begegnungen ihr Unbehagen durchblicken lassen. Einige Male standen Tränen in ihren Augen. Jetzt saß die Gruppe beieinander und fand keine Worte. So hatte noch niemand zu ihnen gesprochen. Doch wollten sie sich auch nicht von diesem Mädchen den Spaß verderben lassen. Der Vater öffnete kurz die Tür und sah niemanden mehr. Die Tochter war wohl auf ihr Zimmer gegangen. Leiser und geheimnisvoller als sonst verlief die weitere Unterhaltung. Dann stand der Plan. Er sollte alles Bisherige übertreffen.

So kam der Vorabend zum dritten Advent, den man auch den Sonntag Gaudete nennt. Das bedeutet: Freut euch! Vor dem Brauthaus hatten sich alle versammelt. Es gab Glühwein und Lebkuchen. Dazu Herzhaftes. Die Stimmung war adventlich und hochzeitlich zugleich. Auch die Herren waren zugegen und verhielten sich sehr geheimnisvoll. Das beunruhigte die Braut. Mit Angstblicken suchte sie Hilfe bei ihrem Bräutigam. Doch der zuckte nur mit den Schultern. War er doch persönlich an allen anderen Streichen mit Diebesfreude beteiligt gewesen. Die junge Frau zitterte. Sie befürchtete Schlimmes. In ihrer Nähe stand das Mädchen und blitzte Scharfblicke zu ihrem Vater. Der stand ohne Rührung bei seinen Leuten. Und dann brach es über das Fest herein. Vom Ende der Gasse erscholl das Nebelhorn eines Ungetüms. Ein Riesenlaster füllte die ganze Fahrbahn aus und rollte unaufhaltsam auf das Fest zu. Die Festversammlung war verstummt. Was hatten sich diese Menschen nur wieder ausgedacht?! Genau an der Seite des Brautpaares kam der Gigant zum Stehen. Der Fahrer sprang mit Ernstgesicht aus der Führerkabine und löste die Verschlüsse der Ladeklappe. Dann stieg er wieder ein und setzte unter Posaunenhupen die meterhohe Ladefläche in Gang. Die hob sich in Schwindelhöhe. Das Fest schien hier zu Ende. Doch da geschah es. Aus dem riesigen Lastraum rutschte ein winziges Schnapsgläschen genau vor die Füße der Braut. Daran war eine Karte befestigt. Darauf stand: »Glück und Segen und ein frohes Weihnachtsfest. Das war unser letzter Streich.« Da brandete ein erleichterter Beifall auf, und alle lachten. Die Braut umarmte den Bräutigam, und die Tochter fiel dem Vater um den Hals und gab ihm einen Kuss auf die Stirn. Der Lastwagen hupte noch einmal und fuhr davon.

Jürgen Kuhn

SCHNEEKRISTALLE

Wenn Menschen
beieinander wohnen
in Frieden und in Nachbarschaft,
gelingt ein Glück
und lässt die Herzen freier atmen.

Wenn Menschen
beieinander wohnen
und einer um den anderen weiß
und mit ihm fühlt und bei ihm ist,
erkennt das Leben helle Wege.

Wenn Menschen
beieinander wohnen
und ihre Namen kennen
und was sie bewegt,
kehrt Licht und Wärme
in die Häuser ein.

Wenn Menschen
beieinander wohnen
und einander wertvoll sind;
wenn sie Vertrauen zueinander finden
und gegenseitig Gutes wollen,
ist Raum für helles Kinderlachen.

DIE SCHNEEBALLSCHLACHT

Schneeweiße Weihnacht stand vor der Tür. Am ersten Ferientag trafen sich die Kinder aus der Nachbarschaft. In Winterkleidung und mit ihren Schlitten genossen sie den Tanz der Flocken. Die Bedingungen waren gut. Ganze Heerscharen von Schneemännern standen vor den Häusern. Mit ihren Kohlenaugen und ihre Möhrennasen blickten sie in das Treiben. Manche trugen auch Reisigbesen in ihrem Arm. Dazu kam da und dort noch ein alter Hut oder ein Zylinder obenauf. Dann setzte die Graudämmerung ein. Die ersten Laternen leuchteten auf. Das war das Zeichen für den Heimweg. Doch der Höhepunkt des Tages stand noch aus. Die Kinder beschlossen eine Schneeballschlacht.

Zunächst wurden Großvorräte angelegt und zu einer Pyramide aufgestapelt. Irgendwann flog die erste Schneekugel. Dann ging es los. Ziele gab es überall. Jeder Treffer wurde bejubelt. Doch dann geschah es. In einem der Schneebälle musste sich ein Stück Eis versteckt haben. Und gerade dieser Schneeball landete in der Wohnzimmerscheibe des Hauses an der Straßenecke. Dort wohnten Frau und Herr Nussbaum. Sie waren schon sehr alt. Für die Kinder lebten sie seit Urzeiten in der Straße. Ihr Spiel hatte ein jähes Ende gefunden. Mit großen Augen standen sie vor dem Zaun und blickten in das zertrümmerte Fensterglas. Sie konnten bis in das Innere der Wohnung sehen. Die Lampe brannte. Der Kamin warf Schatten an die Wände. Stumm erwarteten sie ein Donnerwetter. Niemand kannte den Ausgangspunkt der Schneekugel. Irgendwie fühlten sich alle schuldig. Doch alles blieb still. Das war unheimlich.

Schließlich rannte jemand zum Nebenhaus und klingelte um Hilfe. Dort wohnte der Dorfarzt. Schnell hatten die Kinder das Geschehen erzählt. Aufgeregt riefen sie durcheinander. Dabei begab sich der Arzt hinüber. Vor der Fensteröffnung blieb er stehen und rief in das Haus hinein. Doch es gab keine Regung. Er betätigte die Türklingel und hielt den Daumen lange darauf. Nichts rührte sich von innen. Da eilte er um das Haus herum zur Hintertür. Die war nicht abgeschlossen. Er öffnete sie und betrat die Wohnung. Wieder rief er die Namen der beiden. Die Kinder warteten schweigend draußen. Mittlerweile waren andere Leute dazugekommen. Flüsternd erzählten die Kinder, was sich ereignet hatte. Dann betrat der Doktor das Wohnzimmer. Sofort erkannte er die Gefahr. Er presste ein Taschentuch vor den Mund und rief andere Erwachsene zu Hilfe. Vor dem Kamin waren Frau und Herr Nussbaum eingeschlafen und hatten bei geschlossenem Fenster und verstopftem Kamin Giftiges eingeatmet. Zum Glück hatte das Loch im Fenster frische Luft gebracht. In einem Nachbarhaus und mit ärztlicher Hilfe kamen die beiden Alten wieder ins Leben zurück. Von ganzem Herzen dankten sie ihrem medizinischen Lebensretter. Doch der wehrte ab. Es war der Schneeball. Ohne diesen Schneeballwurf wäre wohl Schlimmes geschehen. In der Zwischenzeit hatten die Kinder schon für eine neue Wohnzimmerscheibe gesammelt. Doch die Nussbaums winkten ab. Die Kinder hatten ihnen ja das Leben gerettet. Die Scheibe war noch vor dem Fest ersetzt. Am nächsten Tag hatte sich Frau Nussbaum erholt. Da lud sie die Kinder zu Kakao und Kuchen ein und ließ sich noch einmal alles ganz genau erzählen. Danach bauten die Kinder vor dem Haus einen Schneemann und freuten sich mit einem Herzen voller Freude auf Weihnachten.

Britta Grothues

Es gibt bestimmte Worte
und Gedanken,
die dürfen durch die Jahre
nicht verlorengehen.

Es gibt bestimmte Träume
und Beschlüsse,
die sind es wert,
bewahrt zu bleiben.

Es gibt bestimmte Kostbarkeiten
und Bedeutsamkeiten,
die müssen beibehalten werden
und ihre Gültigkeit behalten.

Es gibt bestimmte Tage
und Sekunden,
die sind entscheidend
und ein Fundament des Lebens.

DER BRIEF

An seinem dreiundsiebzigsten Geburtstag kann ein Mensch auf manches zurückblicken. Eine Geburtstagskaffeekuchenrunde lädt ein zum Erzählen. Da werden Erinnerungen wach. So war die Frage nach einer Jugendzeitgeschichte ein Freugeschenk. Gern fand er sich bereit und nahm noch einen Schluck aus der Tasse:

Ich ging damals in die zweite Klasse und war ein ziemlicher Rabauke. An einem Dienstagmorgen im Juni sollten wir uns zwei zu zwei aufstellen. Ausnahmsweise stand ich an diesem Tag brav und gehorsam in der Reihe. Für Augenblicke fühlte ich mich wie ein Musterschüler. Doch da entstand in meiner Nähe eine Kinderunruhe. Ich blieb ruhig und war bis in den Seelengrund unschuldig. Der Strenglehrer war sofort zur Stelle. Mit Kaltaugen sah er mich an. Ich erwiderte den Blick im Vollbesitz eines guten Gewissens. Ich war ja unschuldig. Doch das konnte sich der Magister nicht vorstellen. Ein Donnerwetter brach über mich herein und wurde von schallenden Ohrfeigen begleitet. Damals geschah das noch dann und wann. Da stand ich in meiner seltenen Unschuldsverfassung und erhielt einen Schlag nach dem anderen. Ich unterdrückte alle Tränen. Aber ich zählte die Treffer. Noch heute kenne ich ihre Zahl. Rechts und links erhielt ich sechs Backpfeifen. In diesem Augenblick beschloss ich Wiedergutmachung. Ich wollte groß und stark werden und dann Streich um Streich zurückgeben. Ich konnte warten. Am Nachmittag saß ich zum Erstaunen der Erwachsenen über meinen Schulsachen und hatte Wichtiges zu schreiben. Darüber entstand mit dem Schreibvermögen eines Zweitklässlers ein Brief an mich. Die Überschrift lautete: »Wie ich nicht werden will, wenn ich alt bin«. Altsein ist ein relativer Begriff. Damals dachte ich an das Alter mit unvorstellbaren dreißig Jahren. Ich versiegelte den Brief nach Kinderart und legte ihn in ein Geheimversteck. Schon beim Mittagessen begann ich mit dem festen Vorsatz vom Morgen. Ich wollte mit allen Mitteln und um jeden Preis groß und stark werden. Dazu nahm ich auch Opfer auf mich und verspeiste alle Nahrungsmittel mit dem Erwachsenenversprechen von Größe und Stärke. Auch alles andere als meine Lieblingsgerichte nahm ich zu mir. Es genügte die Aussicht auf Körpergröße und Körperkraft.

So nahm mich das Leben mit durch die Jahre. Erziehungsschläge gerieten in Vergessenheit. Meinen Kindervermächtnisbrief hatte ich längst aus den Augen verloren. Mein Lehrer war alt geworden. Vieles hatte sich geändert. Im Berufsleben fanden neue Dinge große Bedeutung. Ich selber hatte mittlerweile das biblische Alter von dreißig Jahren erreicht. Ich war einigermaßen groß geworden und auch normal stark. Doch mehr und mehr sollte mein Leben zu einer geistig und körperlich gewaltfreien Zone werden. Da traf sich die ganze Familie zu Weihnachten im Hause der Eltern. Das waren gemütliche und liebevolle Feststunden. Zum Schluss überreichte mir die Mutter einen alten Brief. Vergilbt und zerdrückt machte er einen erbärmlichen Eindruck. In Kinderschrift stand darauf: »An mich« und darunter rot unterstrichen »persönlich«. Im Familienkreis entstand ein Schmunzeln. Dann öffnete ich das Kuvert und las die Botschaft eines Kindes an einen Alterwachsenen. Wir blieben damals noch ein wenig zusammen. Dann brachen wir auf und gingen in unsere Richtung. Wie aus einer Anderwelt waren die Zeilen in die Gegenwart gekommen: »Wie ich nicht werden will, wenn ich alt bin«.

Jürgen Kuhn

Eine Antwort
kann das Leben bestimmen.
Ein Wort
aus lediglich zwei Zeichen
kann als »Ja«
für ewig gültig sein.

Ein »Jajaja«
ist eher unverbindlich.
Ein klares »Ja«
ist das Ergebnis
langer Übung.

Ein Wort, das gilt,
ist wie ein Felsen.
Ein Wort der Wahrheit
ist wie eine Burg und eine Brücke.

Ein Wortschwall
überschwemmt den festen Boden
und spielt mit
Möglichkeiten und Begriffen.

Ein gutes »Ja«
zur Liebe und zum Frieden,
zu Wahrheit und Gerechtigkeit
gibt Lebenshoffnung und Vertrauen.

WER WEISS DAS SCHON?

Alles begann rund sechshundert Jahre vor der Geburt Christi. So wird es wenigstens behauptet. Manche haben auch andere Zahlen herausgefunden. Aber so steht es geschrieben. Da lebte der Prophet Daniel in Babylon am Hofe von König Nebukadnezar. Er war ein Weiser und sah in seinen Visionen geheimnisvolle Bilder. Sein Name erzählt von Gottes Gerechtigkeit. In seinen Traumgesichten sah er wirklich merkwürdige Dinge. Das war verwirrend.

Doch da kam der große Engel Gabriel zu Hilfe. Er erschien bei dieser Gelegenheit zum ersten Mal. So steht es geschrieben. Bei diesen Begegnungen führte der Gottesbote den Propheten Daniel ein in die Bedeutung der geheimen Offenbarungen. Danach hat ihn lange Zeit niemand mehr gesehen. In den Heiligen Schriften ist darüber nichts vermerkt.

Erst rund eineinhalb Jahre vor der Geburt Jesu in Betlehem wird wieder von ihm berichtet. Da erscheint er dem Priester Zacharias und gibt ihm die Weissagung von der Geburt seines Sohnes. Dem soll er den Namen Johannes geben.

Sechs Monate später besucht er die Verlobte des Zimmermanns Josef in Nazaret. Er sagt ihr den Engelgruß und verkündet die Geburt des Messias. Sie heißt Maria und versteht die Botschaft zunächst nicht. Wieder erklärt Gabriel das Gottesgeheimnis. Die junge Frau hört und stimmt ein und sagt Ja. Nun erwartet sie das Kind.

Ihre Verwandte Elisabet wohnt im Gebirge. Dorthin macht sie sich auf den Weg und wird mit einem Bekenntnis empfangen. Elisabet ist die Frau des Zacharias und spürt die Reaktion ihres Kindes auf den Besuch des Welterlösers noch vor der Geburt. Beide Frauen bleiben für eine Zeit beieinander.

In Nazaret liegen Dunkelgedanken auf der Seele des Handwerkers. Er kann das alles nicht glauben. Er fühlt sich betrogen und verraten. Er steht mit beiden Füßen auf dem Boden und kann die Erklärungen der Gottesbotschaft nicht annehmen. Es wird zur Trennung kommen. Seine Liebe zu der Verlobten ist groß und schmerzt. Aber es wird zur Trennung kommen. Das soll leise geschehen. Mit dieser Last auf der Seele schläft er an jenem Abend ein. Im Traum erscheint ihm ein namenloser Engel. Nach der Art und seiner Sprechweise muss es Gabriel sein. Der empfiehlt das Kind und die Mutter dem Schutz des Schlafenden. Nach dem Erwachen am nächsten Morgen steht sein Entschluss. So stimmen die Verlobte und der Verlobte unabhängig voneinander dem göttlichen Plan ohne Wenn und Aber zu. Seitdem hat niemand mehr etwas von dem Erzengel Gabriel vernommen.

In der Zwischenzeit ist vieles geschehen. Und immer wieder steht eine Frage im Raum: Was wäre im Falle einer Ablehnung geschehen? Was wäre geworden, wenn Maria Nein gesagt hätte? Doch genau dann taucht der Name Gabriel wieder auf. Wer weiß um die langen Jahrhunderte und um die vielen Anfragen aus Engelsmund im Laufe der Geschichte? Wer zählt die zahllosen Absagen auf Gottes Anfrage? Wer hat das Nein der vielen Antworten gehört? Das wird für immer ein Geheimnis bleiben. Doch vor zweitausend Jahren hat ein Mädchen Ja gesagt, und ihr Verlobter hat aus ganzer Seele zugestimmt. Vielleicht ist Gabriel in anderen Gottanliegen noch heute unterwegs und bittet in Engelsgeduld um menschliche Zustimmung zu göttlicher Berufung.

Detlef Kuhn

Das Leben ist angefüllt
mit Außergewöhnlichkeiten.
Es bedarf eines Entdeckergeistes,
um zu finden und zu erforschen.
Ausgefallenes entzieht
sich leicht den Blicken.

Abgerichtete Blicke
und angepasste Ohren
versperren freie Bahnen
in die Tiefe.

Die Freude an dem Mehr
und dem Dahinter
hält das Denken wach
und lässt den Geist
den Hunger spüren,
der um ganz bestimmte Nahrung bittet.

Ein kleiner Denkradius
mit festgefahrenen Gedanken
gibt sich mit dem zufrieden,
was gerade dort zu haben ist.

Doch hinter allem
gibt es noch
unendlich mehr.
Ein ganzer Kosmos
öffnet sich
und überwindet Grenzen.

DAS AUSGEFALLENE WEIHNACHTSFEST

Es war wie immer. Ein detailliertes Aufzählen wäre müßig. Selbst die Zeit verging wie immer viel zu schnell. Zum Erstaunen vieler stand das Fest unerwartet vor der Tür. Aber das war ja in jedem Jahr so. Den Kindern kam die Geschenkerwartungszeit etwas lang vor. Ansonsten lief alles wie saisonal gewohnt ab. Am Festabend saßen sie zum Festmahl um den festlich gedeckten Tisch. Der geschmückte Baum strahlte aus der Zimmerecke Gemütlichkeit in den Raum. Kunstvoll verpackte Geschenke warteten auf die Bescherung. Musik der Zeit kam aus dem Hintergrund. Die Speisen erfüllten jeden Wunsch. Es war alles mehr als genug vorhanden. Nach den Gängen wurde abgetragen und neu aufgetischt. Der Weg führte an dem Fenster zur Straße vorbei in die Küche. Aus den Augenwinkeln entdeckte sie die Person auf der anderen Straßenseite.

Draußen war ein Schneetreiben. Das kam in diesen Zeiten selten vor. Doch an diesem Abend schneite es. Dazu war ein starker Wind aufgekommen. Die Flocken tanzten in Wirbeln durch die Winternacht. Dann kam sie mit einer Schüssel zurück. Ihr Blick ging ein wenig bewusster durch die Scheibe. Da war die Person immer noch. Sie stand unter einer Laterne und blickte an den Häuserfassaden entlang. Die waren im Baumlicht erleuchtet.

Die anderen bemerkten ihr Zögern und fragten. Schließlich standen alle am Fenster und blickten hinunter zur Laterne. Dann zogen sie ohne Absprache Winterkleidung an und gingen hinunter und hinüber. In ihren Gedanken stellten sie sich eine alte Dame vor. An diesem Abend fiel ihnen fremde Einsamkeit schwer. So waren sie aufgebrochen. Doch sie begegneten in dem Winternachtwetter einer jungen Frau von außergewöhnlicher Schönheit. Sie lächelte ihnen bei ihrem Eintreffen entgegen.

Nach einem kurzen Austausch von Höflichkeitsfloskeln machten sie sich miteinander bekannt. Aufmerksam hörten sie den Grund dieser Versammlung zur Abendstunde. Die Frau sollte hier abgeholt werden. Der Wagen müsste jeden Augenblick eintreffen. Die Verspätung lag wohl am Wetter. Als Schauspielerin war sie auf dem Weg zu einer Vorführung im Rahmen eines Festaktes. Dann kam der Kleinbus. Sie sah die kleine Gruppe fragend an. Dann lud sie einfach alle zur Mitfahrt ein. Als Komparsen würden sie dem geplanten Schauspiel gute Dienste leisten. Das Festmahl war beendet. Das Dessert konnte warten. Schnell wurde das Haus versorgt. Dann saßen sie in dem Kleintransporter und fuhren ihrem Auftritt entgegen.

Nach ihrer Ankunft begann das Spiel bei fortgeschrittener Zeit sehr bald. Ein Quartett untermalte das Geschehen in musikalischer Feierlichkeit. Ihnen waren schnell die Rollen von Hirten und Engeln zugeteilt worden. Einfache Kostüme verwandelten sie entsprechend. In einem Stall wurde ein Kind geboren. Drei Könige kamen und brachten Kostbarkeiten. Sie standen im Hintergrund und verstärkten die Stimmung. Einige trugen Laternen. Die Dame, die unter der Laterne gestanden hatte, hieß in dem Spiel Maria. Nach dem Beifall kam es zu einem herzlichen Abschied. Sie wünschte ihnen ein frohes Weihnachtsfest. Zu Hause saßen sie noch beieinander. Das war mal was anderes. Das war ein wirklich ausgefallenes Weihnachtsfest.

Detlef Kuhn

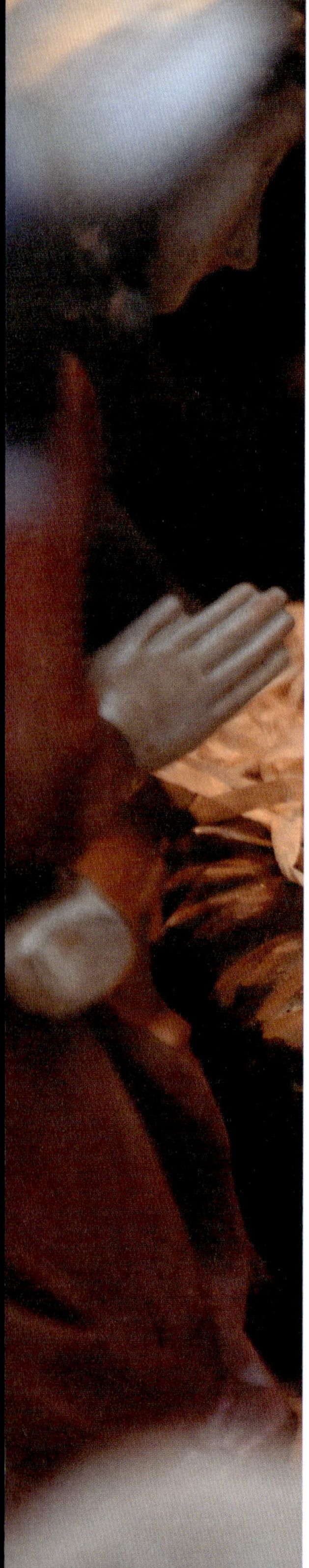

Gottes Liebe
ist unüberbietbar.
Und nicht
ein Mensch
wird dieser Liebe
je verlorengehen.

Es gibt nichts Böses
in der Welt
und bei den Menschen,
was eine Kraft besäße,
Gottes Liebe
auch nur zu berühren.

Die Liebe Gottes
ist unantastbar
und durch nichts
zu beeinflussen.
Die größte Menschenschuld
begegnet immer
göttlichem Erbarmen.

Der gesunde Menschenverstand
hat jede Möglichkeit,
das zu begreifen
und daraus eine Lehre zu ziehen,
die die Welt verändert.

DAS KIND KANN SPRECHEN

Eigentlich war er immer zum Krippenaufbau in der Pfarrkirche dabei. Zur festen Stunde kam ein Kreis zusammen und stellte pünktlich zum Fest den Stall und die Tiere und die heiligen Figuren an die angestammten Plätze. In der Seitenkapelle wurde zunächst das Untergestell wie eine kleine Bühne aufgebaut. Darüber wurden Tücher in den Naturfarben von Gras und Erde gebreitet. Kleine Felsattrappen wurden an ihren Stellen abgelegt. Dann kamen die Tannen dazu. Danach setzten sie den Stall zusammen. Von hinten schimmerte die Beleuchtung. Über dem Dach leuchtete der Stern. Im Nebenraum erhielten die Gewänder und Kleider letzte Pflege. Die Geschenke der Heiligen Drei Könige wurden zum Glänzen gebracht. Am heiligen Morgen trafen sie sich noch einmal und trugen das gesamte Ensemble an Ort und Stelle. Die Kirche blieb noch verschlossen. Erst am Abend wurden die Portale geöffnet. Dann konnten die Leute kommen. Bis dahin wurde noch gefegt und geputzt. Schließlich war alles bereit. Ein Weihnachtstannenduft erfüllte der Raum. Dann gingen sie nach Hause. Am Abend würden sie wiederkommen und einander gute Festworte sagen. Sie waren in die Jahre gekommen. Und in jedem Jahr waren sie dabei. Vieles war anders geworden. Vieles hatte sich ereignet. Auch sie selber waren nicht mehr dieselben. Aber beim Krippenaufbau waren sie dabei. Dann war es wie in alten Zeiten. Aber die waren vorbei. Viele Kirchenplätze blieben leer. Viele aus der Gemeinde waren gegangen. Doch zu Weihnachten schien alles ein wenig wie früher zu sein. Und tatsächlich konnte dieser Eindruck entstehen.

Als die Weihnachtsglocken läuteten, füllte sich die Kirche bis auf den letzten Stuhl. Viele mussten stehen und nahmen das ohne Murren hin. Es war ja Weihnachten. Die Weihnachtslieder hallten bis in das Gewölbe. Das Gefühl einer großen Gemeinsamkeit berührte die Herzen. Dann hatten alle nach dem letzten Festgesang die Kirche verlassen. Nur ein Einzelner kniete noch vor der Krippe. Er hatte persönlich das Kind auf das Stroh gelegt. In seinen Augen lag eine Träne. So überkam ihn eine Traurigkeit und er sprach: »Lieber Jesus, was ist aus deiner Kirche geworden? Du wolltest deine Botschaft zu den Menschen tragen und allen deine Freude bringen. Hast du die vielen Menschen gesehen? Sie werden morgen schon nicht wiederkommen. Auch ich verstehe deine Welt und deine Kirche nicht mehr. Sei mir bitte nicht böse. Ich bin alt geworden. Was soll ich machen? Ich habe dich wie in jedem Jahr auf das Krippenstroh gelegt. Jetzt liegst du da. Und alles hat sich so verändert. Es sind so viele fortgegangen. Was wird aus ihnen? Sie haben deine Kirche längst verlassen und ihr Leben ohne dich geplant. Ist das nicht furchtbar? Selbst meine Kinder gehen nicht mehr in die Kirche. Was wird aus dieser Welt. Wohin geht deine Kirche?«

Mit einem Tuch wischte er die Träne aus dem Auge und schnäuzte die Nase. Da sah er im Gesicht des Jesuskindes eine Regung. Die Lippen bewegten sich. Und er kniete davor mit klopfendem Herzen. »Ich werde keinen Einzigen verlorengehen lassen. Auch wenn sie weit davongegangen sind. Ich bin an ihrer Seite. Lass sie nur gehen. Mein Segen wird sie zu jeder Zeit und an jedem Ort begleiten. Meine Liebe wird in ihnen sein bis in die Ewigkeit. Ich werde nicht eine Einzige und nicht einen Einzigen vergessen. Sie alle sind ja meine Schwestern und meine Brüder. Du aber halte deine Stellung und baue weiter meine Krippe auf.« Da erhob er sich und ging nach Hause. Die Kirche blieb in dieser Nacht geöffnet und sollte ihre Pforten nie mehr schließen.

Britta Grothues

HERZLEUCHTEN

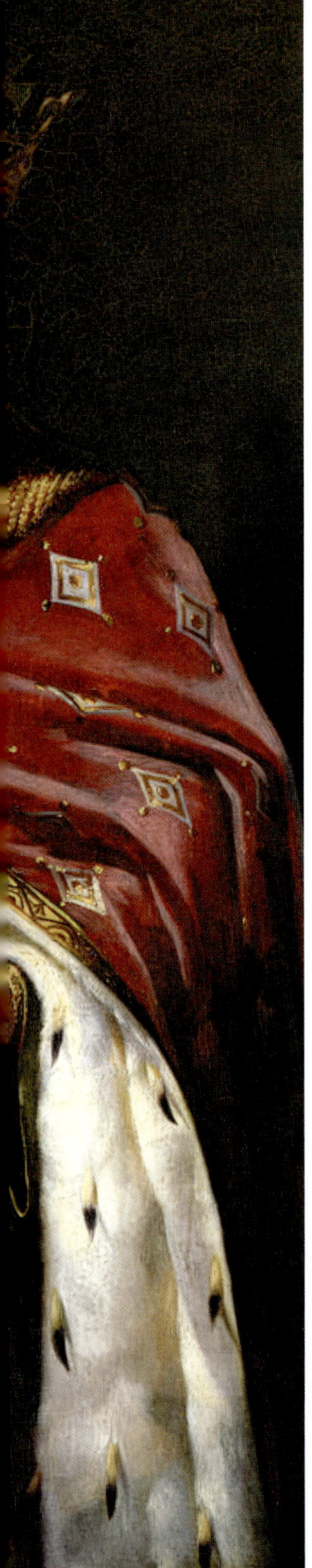

Er ist unter
Menschen
Mensch geworden.
Er kam genau
wie alle anderen
als Kind zur Welt.

Er hat genau
wie alle anderen
gegessen und geschlafen.
Er hatte Schmerzen
und erlebte
die Veränderung.

Er hat in
einer Zeit und
dieser Welt gelebt
mit den Gesetzen,
die auch allen anderen
gegolten haben.

Er hat in der
Normalität der Menschen
allen einen Weg gezeigt:
den Weg der Menschwerdung!

MENSCHWERDUNG

Bis zum Jahr 1189 eroberte Saladin wichtige Stützpunkte der Kreuzfahrer. Jerusalem befand sich damals unter seiner Kontrolle. Erst der Dritte Kreuzzug unter dem englischen König Richard Löwenherz und dem französischen Regenten Philipp II. brachte ihm anno Domini 1192 empfindliche Niederlagen bei Arsuf und Jaffa bei. Ein Jahr zuvor hatte er bereits die bedeutende Hafenstadt Akkon verloren. Wie die Kriege aller Zeiten waren auch diese Auseinandersetzungen grausam und erbarmungslos. Das galt auch für die Züge in das Heilige Land. Mit den Kriegsparteien bewegte sich ein großer Tross über endlose Strecken. Abenteurer und Taugenichtse waren mit dabei. Manche glaubten sich auch im Einsatz für eine gerechte Sache.

Der große Traum von der Wiedergewinnung Jerusalems und damit der heiligen Stätten wurde nicht wahr. Aber es kam im besagten Jahr 1192 zu einem Waffenstillstand zwischen Saladin und dem Engländer. Dieser dauerte länger als drei Jahre. Vertraglich sicherte dieses Abkommen den christlichen Pilgerinnen und Pilgern den freien Zugang in die Stadt der Kreuzigung Jesu.

Das alles erlebte der junge Raimund. Von ihm wird in keinem Geschichtsbuch berichtet. Aber er war dabei. Er beteiligte sich an dem Geschehen wie die anderen auch. Dazu war er ausgebildet. Er verstand das Kriegshandwerk. Im Umgang mit den Waffen aus Handbogen, Axt, Speer und Schleuder war er geübt. An jedem Kampftag ging es um Leben und Tod. Grausamkeiten und Unmenschlichkeiten waren zum Gesetz geworden. Mitleid galt als unverzeihliche Schwäche. In dieser militärischen Raserei kam er als gewöhnlicher Kämpfer sich wie ein Held vor. In den Pausen prahlten er und seine Kumpane mit ihrer Rohheit.

In einer besonders heftigen Kriegsstunde stürmte er in voller Bewaffnung durch die Straßen. Aus seinen Kaltaugen schossen Gewaltblitze. Er suchte das nächste Opfer. Da begegnete ihm eine junge Frau mit einem Neugeborenen im Arm. Erbarmungslos holte er zum Schlag aus. Aber etwas in ihm hielt ihn zurück. Zum ersten Mal zögerte er. Das war neu. So etwas kannte er nicht. Er stand da und blickte Frau und Kind an. Dann rannte er weiter und ließ sie wortlos zurück. Es war schon gegen Abend. Verwirrt erreichte er das Lager. Er sprach mit niemandem darüber. Am nächsten Tag wurde der Waffenstillstand vereinbart und mit ihm der dazugehörende Friedensvertrag.

Raimund behielt die Begegnung vom letzten Kampftag in seinem Denken. Schließlich graute ihm vor der Erinnerung an seine eigene Vergangenheit. Da begab er sich auf den Pilgerweg nach Jerusalem und fühlte in sich das Erwachen eines neuen Lebens. Er war nicht mehr der Alte, er war auf dem Weg zu einem neuen Menschen. Am Heiligtum in der Heiligen Stadt Jerusalem stand er an heiliger Stätte und betete: »Jesus, du bist in Betlehem zur Welt gekommen. Du bist Mensch geworden.« Tränen liefen über seine Wangen. »Hier bist du Mensch geworden. Bitte hilf mir, dass auch ich Mensch werde.«

Detlef Kuhn

Streitworte haben keinen Sinn,
und Wutausdrücke sollten streng
verboten sein.
Wer kann die Unversöhnlichkeit
zum Lachen bringen
und ihr erklären,
welche Lebenszeit mit ihr verlorengeht?

Gefühle können wie ein Feuer brennen
und ungebändigt eigenen Gesetzen folgen.
Gedanken können durcheinander tanzen
und sich im Unsinn leicht verlieren.

Was irgendwann zu ernst genommen wird,
muss neue Grenzen kennenlernen.
Der Menschengeist ist viel zu gut
und viel zu heilig,
als dass er sich für Worte und Gedanken
hergibt,
die ihm zutiefst nicht angemessen sind.

Ein starker Geist
kann über sich ins Schmunzeln kommen.
Ein weiter Geist
stellt sich in frischen Wind.
Ein freier Geist
ist offen für das Licht.
Ein guter Geist
kennt den Geschmack der Liebe.

IM STAU

Mitten in der Woche herrscht der Alltag. In einem Haus ist am Abend ein Streit ausgebrochen. Bis zum anderen Morgen ist kein Versöhnungswort gesagt. In Zorngedanken führen getrennte Wege zum Arbeitsplatz. Worte klingen nach und werden zum Gewittergrollen. Jetzt gilt das gute Funktionieren. Die gute Stellung im Büro ist hart umkämpft. Doch diese Last aus Vorwürfen und Kränkungen liegt schwer auf Geist und Herz. Die Wut brennt heiß und fördert gnadenlos die Formulierung für die Wortgefechte in der nahen Zukunft. Das letzte Wort ist lange nicht gesagt.

Ein Schneetreiben hat eingesetzt. Auf der Schnellstraße hat sich ein Stau gebildet. Das kann dauern. Schließlich kommt der Verkehr zum Stehen. Eine Kurznachricht informiert das Büro. Da treffen sich zwei Augenpaare. Das eine noch gerade voller Unversöhnlichkeit und Schwarzgedanken, das andere im Nebenauto auf der Nebenfahrbahn voller Kinderfreude. In Winterkleidung wetterfest versorgt, ist es im Stau wohl langweilig geworden. Da werden Stirne, Nase und die Lippen fest an die Autoscheibe gedrückt und große Augen rollen schelmisch hin und her.

Die Begegnung beider Augenpaare ermuntert zu immer neuen Darbietungen. Finger und Zunge werden mit einbezogen. Es folgt ein buntes Programm und lässt die Wartezeit kurz werden. Da ist die Auseinandersetzung plötzlich unwichtig geworden. In der Erinnerung an Kindertage werden nun auch im anderen Gefährt Grimassen aktiviert und können sich wohl sehen lassen. Der Fahrzeuglenker mit dem Kind hat diesen Wettstreit wahrgenommen. Auch er trägt nun das Seine zu diesem Straßenstautheater bei. Das Ganze endet mit einem Herzlachen. Da tönt auch schon ein Hupen. Es geht weiter. Ein Winken noch und langsam steigt das Tempo.

Ein Lächeln ist geblieben. Das geht so leicht nicht weg. Die Schneeflocken erinnern an Schlittenfahrten und an Schneeballschlachten. Aus ganzem Herzen zu lachen war schon lange nicht mehr so gelungen. Dann kommt die Auseinandersetzung wieder aus ihrer düsteren Ecke hervor. Doch es ist hell geworden. Das Lächeln will nicht weichen. Bei der Betrachtung aller bereits ausgedachten Zankworte wird es sogar noch stärker. So geht das nicht. So kann keine Unverträglichkeit bestehen. Das eigene Augenpaar kann immer noch die alten Streiche und hat die Kinderzeiten nicht vergessen. So geht der Tag dahin. Das Lächeln geht auch mit den Stunden nicht verloren.

Kurz vor der Heimfahrt blickt das Augenpaar noch einmal in den Spiegel und wiederholt für sich das Spiel vom Morgen. Dann geht es auf den Weg. Die Bahn ist frei. Die Zeit reicht für einen kleinen Umweg. »Ich werde eine Kleinigkeit mitbringen und von ganzem Herzen um Versöhnung bitten.« Das bringt dem Morgenlächeln jetzt am Abend neues Strahlen.

Britta Grothues

Das Universum ist voller Möglichkeiten.
In Dimensionen aus Raum und Zeit,
aus Schwerkraft und aus Umlaufbahnen
entwickeln sich Gegebenheiten.

Für alles gibt es eine Formel. Was möglich ist,
vollzieht sich nach erstaunlichen Gesetzen.
In jeder Möglichkeit verbirgt sich eine Logik,
die sich auf die Sekunde offenbart, wenn alles stimmt.

Es ist ein Zufall, wenn etwas zwar im Detail
nach ganz bestimmten Bedingungen,
doch ungeplant, geschieht.
Und es stellt sich dann die Frage,
warum das eine mit dem anderen kommuniziert.

Es gibt zu denken, dass das Wechselspiel
von Ursache und Wirkung so verbreitet ist,
dass kein Bereich der Schöpfung
ohne dieses sein kann.

So gibt es diese Erde nur, weil Umstände
zusammentrafen und aufeinander reagierten.
Obwohl noch viele Fragen offen sind,
ist davon auszugehen,
dass eine lange Kette von Gesetzen
zur Weltentstehung unerlässlich war.

So gibt es eine Weltenformel, eine Sternenformel,
eine Lebensformel, und alles folgt Gesetzen,
die es möglich werden lassen. Das grenzt an Wunder.

AUF DIE SEKUNDE

Er ließ es jetzt morgens etwas gemütlicher angehen. Seit der Pensionierung verzichtete er auf die alte Armbanduhr. In dieser Zeit ging es auch so. Nach dem Frühstück und der Zeitung nahm er sich für den Tag etwas vor. Beim Verlassen des Hauses zeigte die Uhr eine Zeit auf den Punkt. Sie lag auf dem Schränkchen neben seinem Bett. Nach ein paar Schritten bemerkte er das Fehlen der Handschuhe. Es war kalt. Da kehrte er noch einmal um und holte sie. Die alte Uhr an ihrem Platz war unterdessen weitergegangen. Mit dem Schutz vor der Kälte begab er sich in die Stadt.

Am Vormittag wirkten die Weihnachtssterne über der Straße matt. Der letzte Arztbesuch ging ihm durch den Kopf. Doch er vertrieb die dunklen Gedanken und widmete sich den geplanten Geschenkeinkäufen. An einer Ampel vor der Einkaufsstraße musste er warten. Die war genau bei seinem Eintreffen umgesprungen. Früher hätte ihn das geärgert. Heute stand er gelassen da. Aus der damaligen Ampelwartezeit war ein neues Eigentum entstanden. Das Leben ohne Uhr gehörte ihm. Dann überquerte er die Straße und erreichte die andere Seite. Der fließende Verkehr war für eine Phase lang zum Stehen gebracht. Da spürte er plötzlich ein Stechen in seiner Brust. Das meinte der Arzt. Mehr nahm er nicht mehr wahr. Das Herz. Leblos lag er auf dem Bürgersteig.

Am Abend zuvor war ein anderer aufgebrochen zu einem Termin. Mit Kalender und Armbanduhr kam es auf jede Minute an. Wegen eines Anrufs hatte er den Zug verpasst. Es würde knapp werden. Doch dieser Zug wurde aufgehalten. Die Verspätung war nicht mehr aufzuholen. Seine Armbanduhr zeigte die genaue Zeit an. Er musste an seinem Zielort irgendwen erreichen. Während der Nachtfahrt fand er einen Kurzschlaf. Am Bahnhof verließ er den Waggon unausgeruht. Er hätte jetzt gern einen Kaffee getrunken und ein Bad genommen. Doch die Zeit drängte. Mit seinem Aktenkoffer eilte er durch die Bahnhofshalle. Zugdurchsagen erfüllten den Raum. Der Weg schien endlos. Im Berufsverkehr am Morgen bewegten sich Personen mit der Last eines Arbeitstages vor sich. Endlich stand er am Hautausgang. Er fröstelte. Sein Blick ging über den Vorplatz. Alle Taxen waren im Einsatz. Die Zeit lief davon.

Seit Jahren fuhr er als Taxifahrer durch die Stadt. Er kannte jeden Winkel. Er war gut. Die Fahrgäste waren stets zufrieden mit ihm. Das brachte ihm eine nette Summe Trinkgeld. Aus irgendeinem Grund hatte er verschlafen. Das war ihm noch niemals passiert. Geschlagene sechs Minuten hatte er zu lange geschlafen. Dann saß er auch schon in seinem Wagen. Den ersten Gästestoß hatte er wohl verpasst. Das durfte nicht noch einmal vorkommen. Sicher würde er die Zeit wieder hereinholen. Aber es war ärgerlich. So erreichte er auf die Sekunde genau mit sechs Minuten Verspätung seinen angestammten Platz. Alle anderen Taxen waren im Einsatz. Da eilte ein Mann mit einem Aktenkoffer auf ihn zu. Er war frei und konnte den Gast aufnehmen. Das Ziel lag am anderen Ende der Stadt. Dorthin musste er die Hauptstraße durch die Innenstadt nehmen. Dann erreichte er die Einkaufszone. Genau in diesen Augenblick sprang das Signal auf Rot. Ein Mann überquerte die Straße. Ohne ein Vorzeichen brach er auf der anderen Seite zusammen.

Umstehende bildeten einen Kreis. Da lag der Mann. Der Taxifahrer kannte seine Stadt. Immer wieder kam es im Tagesablauf zu Zwischenfällen. Er blieb ruhig. Irgendwer musste helfen. Er stellte den Motor ab. Er wandte sich um und wollte den Fahrgast um Verständnis bitten. Doch der hatte mit seinem

Koffer den Wagen bereits verlassen. »Ich bin Arzt.« Die Leute ließen ihn durch. Es ging um Sekunden. Auf die Sekunde genau war er da und holte den am Boden Liegenden ins Leben zurück.

Der Taxifahrer und der Arzt nahmen den Pensionär mit ins Krankenhaus. Nach einem kurzen Abschied fuhr der eine auf die Sekunde genau zum Bahnhofvorplatz. Auf die Sekunde genau erreichte der Arzt mit einem guten akademischen Viertel den Hörsaal und begann seinen Vortrag über die Herzchirurgie. Auf die Sekunde genau wurde der Dritte auf der Intensivstation in ein Bett gelegt und versorgt. Und draußen ging das Leben auf die Sekunde genau weiter und folgte geheimnisvollen Gesetzen.

Detlef Kuhn

Die Wirklichkeit geschieht an jedem Tag.
In ungezählten
einzelnen Begebenheiten
wird sie am Ende schließlich
zur Geschichte.

Bemerkenswert ist,
wie sie sich ereignet und verändert.
Mal ist sie Alltag und wird schlicht erledigt.
Mal fällt sie gar nicht auf
und geht im Flug vorüber.

Erstaunlich ist,
wie sie sich einen Namen macht
und ihre Einzigartigkeit
für immer in den Raum und in die Zeit stellt.

Das gilt für ganze Völker und Kulturen.
Das gilt für Staaten und für Länder.
Das gilt für jede und für jeden Einzelnen.
Das gilt für jede Stunde und für jeden Augenblick.

Denn das Zusammentreffen
von Gegebenheiten und Ereignissen
ist in der Lage,
aus dem Jetzt heraus
bestimmt zu werden
und bedeutsam in Erinnerung zu bleiben.

DIE DREI STROHHALME

Die drei Hirtenjungen waren in jener Engelnacht dabei. Mit ihren Schafen waren sie dann zum Stall in Betlehem aufgebrochen. Da lag ein Kind in der Krippe. Das alles prägte sich tief ein in ihr Herz. Es gab keine Erklärung. Aber sie fühlten etwas Besonderes.

Doch der Aufbruch geschah noch in dieser Stunde. Gern wären sie länger bei dem Kind geblieben. Aber schon setzte sich die Herde in Bewegung. Ganz zum Schluss gingen auch sie. Vorher hatten sie noch eine Bitte. Sie fragten die Frau um Erlaubnis. Sie lächelte und nickte. Dann nahm jeder von ihnen behutsam einen Strohhalm aus der Krippe zur Erinnerung. Schnell holten sie die anderen ein. Am Weideplatz saßen sie dann noch lange zusammen und fanden keinen Schlaf.

Noch in dieser Nacht fassten sie einen Entschluss. Jeder von ihnen nahm seinen Strohhalm und drückte ihn an einer Seite zwischen Daumen und Zeigefinger fest zusammen. Dann schnitten sie an dem plattgedrückten Ende an beiden Seiten die Ecken ab. Dazwischen blieb ein gerades Stück. Sie wölbten ihre Lippen nach innen und schoben das flachgedrückte Stück des Strohhalms in den Mund. Nun pressten sie die Lippen fest aufeinander und bliesen mit aller Macht hinein. Zunächst geschah gar nichts. Doch mit der Übung erzeugten sie schließlich einen lauten Ton. Die Alten Hirten brummten vor sich hin und ließen alles geschehen. Es war eben eine besondere Nacht.

Jeder Halm klang in einem eigenen Ton. So schlossen die drei Hirtenjungen einen Bund. In der Zukunft trugen sie ihr neues Strohinstrument in einem Lederbeutel wie ein Amulett um den Hals. Zur Nachtwache sollte es ihnen gute Dienste leisten. Bei Gefahr konnten sie Alarm blasen. Sofort wussten die anderen die Richtung und konnten Hilfe bringen. Oft waren sie an verschiedenen Seiten der Herde bei den Schafen. Dann vertrieben sie sich die Zeit mit immer neuen Signalen. Im Lauf der Jahre war daraus eine Geheimsprache entstanden. Ohne ihren Strohhalm gingen sie nirgendwo hin. Zu vielen Gelegenheiten waren die Halme im Einsatz. Und immer war Verlass auf sie. Zu ihrem Erstaunen alterten sie nicht und blieben fest und dufteten frisch.

Die Zeit verging. Neue Hirtenjungen waren dazugekommen. Viele Jahre waren seit der Nacht in Betlehem vergangen. Da riefen die drei die Neuankömmlinge zu sich und luden sie ein zum Platz am Feuer. Dort erzählten sie von den himmlischen Heerscharen und dem Kind im Stall. Dann nahmen sie die Lederbeutel von ihren Hälsen und schenkten sie den drei Jungen. Die nahmen die Kostbarkeit dankend an und begannen gleich mit dem Üben. Gegen Morgen gelang ihnen schon der erste Ton. Irgendwann würden sie die Kunst beherrschen. Und irgendwann würden sie die Lederbeutel mit dem Inhalt an die Nachfolger übergeben und ihnen die Geschichte von dem Kind im Stall erzählen.

Jürgen Kuhn

Bevor der Urknall neue Fakten schuf
und ungeahnte Kräfte in Bewegung setzte,
muss ein Gedanke da gewesen sein,
der alles möglich werden ließ.

Denn ohne physikalische Gesetze
und ohne Ursache und Wirkung
ist dieser Anfang schwer zu denken
und eine Sternenstaubbeschleunigung schwer vorzustell

Und ohne jeden Anspruch
auf wissenschaftliche Beweisbarkeit und Gültigkeit
stöbert der Geist in Möglichkeiten
und stellt sich vor, wie es gewesen ist.

Vielleicht war vor dem großen Anfang
jene Kraft zugegen,
die niemals zu berechnen
und doch so wichtig und bedeutsam ist.

Es ist die Anziehungskraft der Liebe.
Die Schwerkraft, die der Halt der Schöpfung ist.
Es ist die göttliche Gravitation,
die Menschenwelten zueinander führt.

EIN WEITER WEG

Vor vielen Jahren lebten in der großen Stadt Babylon drei Männer. Sie waren weltbekannte Astrologen und konnten Himmelserscheinungen erklären und deuten. An einem Septemberabend saßen sie beieinander. Ihre Gespräche waren voller Wissen und Weisheit. Da bemerkten sie zu ihrer Verwunderung bei Abendaufgang eine äußerst seltene Himmelserscheinung. Im westlichen Sternbild der Fische begegneten einander der Königsplanet Jupiter und der Schutzplanet Saturn. Sie sollten sich in dieser Zeit dreimal begegnen. Dem menschlichen Auge erschien dieses Treffen wie ein gemeinsames Verharren der Himmelskörper.

Das geheime Wissen um die Geburt eines gerechten Weltenherrschers trieb die drei zum Aufbruch. Da bereiteten sie sich vor auf eine lange und gefährliche Reise. Neben bester Ausrüstung und kostbaren Geschenken waren ihr Wissen und ihr Können das wertvollste Gepäck. So konnte das Abenteuer beginnen. Von Babylon aus führte sie der Weg durch das Gebirge. Alles verlief nach ihrer Planung. Doch in diesem Gebiet trieben Banden ihr Unwesen und überfielen immer wieder die Durchreisenden. Sie hatten vom Aufbruch der drei Gelehrten gehört. In einem Hinterhalt lauerten sie ihnen auf und fielen mit wildem Geschrei über sie her. Sie legten sie in Fesseln und versprachen sich ein fettes Lösegeld. Die Ausrüstung ließen sie zunächst unberührt. Sie wollten fort von Babylon in die Stadt Damaskus und von da aus ihre Forderungen stellen. Sie verschleppten die Gefangenen in die große Syrische Wüste und nutzten Pfade abseits der Hauptlinie. Dort wurden sie von einem Sandsturm überrascht und verirrten sich ohne Halt. Bald waren die Wasservorräte aufgebraucht. In der darauffolgenden

Nacht gaben sich die Räuber der Verzweiflung hin und bedachten sich gegenseitig mit furchtbaren Vorwürfen und Beschimpfungen. Da meldete sich einer der Gefangenen und bot Hilfe an. Der Sternenhimmel war über der Wüste aufgeleuchtet. Myriaden von Himmelskörpern gaben den Weisen bedeutsame Kunde. Die Raubgesellen zögerten nicht lange. Dankbar nahmen sie an. Sie folgten den Sterndeutern unter den strahlenden Himmelszeichen und bewahrten mit ihnen das Leben. So trafen sie nach rund zwei Monaten erschöpft in Damaskus ein. Vor der Stadt machten sich die Dunkelgestalten davon und ließen den drei Herren freien Weg. Ohne weitere Zwischenfälle ging es von dort durch den Jordangraben weiter nach Jerusalem. Es sollten noch mehr als zwei Wochen vergehen. Da erblickten sie die Zinnen der Metropole.

Auf ihrer langen Reise hatten die drei Astrologen in den Abendstunden oft bis in die Nacht hinein über viele Dinge gesprochen. Sie staunten über die Bedeutsamkeit ihres Zieles für ihr Sinnen. Es ging von dort eine geheime Anziehungskraft auf sie aus. Das war mehr als ein politisches Ereignis. Das war mehr als Legende oder Märchen. Sie fühlten in sich ein Licht ungeahnter Größe. Das Treffen mit den Machthabern von Jerusalem und ihren Ratgebern verlief enttäuschend. Aber sie hatten ein neues Ziel. Zehn Kilometer weiter lag die Stadt im Lande Juda mit dem Namen Betlehem. Bei ihrem Eintreffen ereignete sich die dritte Begegnung von Saturn und Jupiter. Sie schienen über einem Haus stillzustehen. Da gingen sie mit ihren Geschenken hinein und sahen das Kind. Die Anziehungskraft der Liebe hatte sie hierhergeführt. Sie wussten sich nun am Ziel ihrer Suche und in der Antwort aller Fragen. Da sanken sie auf die Knie und beteten.

Britta Grothues

WUNDERZEITEN

Die raue Schale eines Menschen
ist wie ein Schutzwall vor Verletzungen.
Die Seele eines Menschen
kann so verletzlich sein,
dass sie dem Risiko
von jedweder Enttäuschung
sorgsam aus dem Wege geht.

Der eigentliche Kern von Menschen
gibt sich nur selten zu erkennen
und lebt verborgen hinter starken Mauern
aus vorgespieltem Selbstbewusstsein.
Der Zugang in das Innere
ist fest verschlossen mit dem Schlüssel tiefer Angst.

Die wunderschöne Kunst der Achtsamkeit
lebt in dem Denken,
dass in jedem Menschen das Erlebnis
einer Wunde und Verletzung
kaum zu heilen ist.
In jedem Menschen gibt es einen Punkt,
der unberührbar und verletzlich ist.

Das Äußere ist eine Oberfläche,
die mit Effekten umgeht.
Das ist wie eine Werbewelt,
die buntes Licht in Menschensinne strahlt.
Dort kann es laut sein und auch derb.
Die Tiefe einer Menschenseele mahnt
zur Vorsicht.

DER WILDE MANN

In einer Großstadt lebte er. Eigentlich hauste er von Tag zu Tag. Die Leute nannten ihn den Wilden Mann. Alle kannten ihn und wussten wilde Geschichten über ihn. Von ihm wussten sie nichts. Er trieb sich von morgens bis abends in den Straßen herum. In der Nacht verschwand er irgendwohin. Sein Schlafort blieb ein Geheimnis. Tagsüber war er dann wieder da. Er hatte seine festen Plätze. Dort hielt er den Vorübergehenden einen Becher hin. Manche warfen eine Münze hinein. Manche machten Bemerkungen. Dann wurde er wütend und schrie mit Raustimme Beschimpfungen durch die Stadt. Das war immer ein besonderes Ereignis. Mit dem alten Mantel bis zum Boden und den Schwarzlocken um den bartumwucherten Kopf erfüllte er im Hinblick auf seinen Namen alle Vorstellungen. Seine Drohworte hallten von den Häuserwänden wider. Kinder drängten sich an die Mütter. Erwachsene schüttelten den Kopf. Einige lachten über ihn. Im Winter trug er eine Weihnachtsmannmütze. Da stellten sich Große und Kleine für ein Foto neben ihn. Dabei blitzten seine Wildaugen gefährlich umher. Das brachte Zusatzeinnahmen.

In diesem Winter waren Menschen auf der Flucht. Krieg und Hungersnot hatte sie auf den Weg gezwungen. Notunterkünfte wurden eingerichtet. Die Meinung der Bürgerschaft war gespalten. Die einen wollten die Fremden davonjagen. Die anderen wollten helfen. Eigentlich aber lief alles seinen Weg. Die Not wohnte am Rande. An einem Adventabend stand der Wilde Mann da und hielt den Becher hin. Da kam eine Flüchtlingsfamilie des Weges. Sie sahen ihn und blieben stehen. In einer fremden Sprache wechselten sie einige Worte. Dann kam ein Kind mit Kinderleuchtaugen zu ihm und legte ein kleines Geldstück in seine Hand. Der Wilde Mann verbeugte sich tief und sprach einen großen Dank. Dann gingen sie weiter. Lange sah er ihnen nach. Schließlich gelangten sie an den Eingang des Gemeindehauses. Dort hatten sie einen Raum gefunden. Der Wilde Mann merkte sich alles genau.

Die folgenden Tage vergingen im Weihnachtsgetriebe. Die Fußgängerzonen waren gefüllt von Menschengedränge. Sie alle besorgten noch dieses und jenes zum Fest. Der Wilde Mann machte gute Geschäfte. Die Manteltaschen waren gut beladen. In der Weihnachtszeit war dann und wann auch ein Schein dabei.

Am Spätnachmittag vor dem Heiligen Abend nahm der Wilde Mann einen Beutel und füllte die Einnahmen der vergangenen Tage auf Heller und Pfennig da hinein. Mit der schweren Last begab er sich zum Pfarrhaus. Auf sein Schellen öffnete sich die Tür. Dort stand der alte Pfarrer und sah unsicher auf den Besucher. Der nahm mit einer Großgeste die Weihnachtsmannmütze vom Kopf und verneigte sich tief. An einem Marktstand hatte er sich etwas Mut angetrunken. Das drang bis an die Nase des Pfarrers. Der Wilde Mann bat um ein Kurzgespräch. Zögernd wurde er in das Büro gebeten. Dann erzählte der Wilde Mann von der Familie im Gemeindehaus und von dem Kind mit der Münze. Schließlich nahm er den schweren Geldbeutel und stellte ihn auf den Schreibtisch. Die Weihnachtseinnahmen der letzten Tage sollten für die Flüchtlinge sein. Außerdem bot er seine Hilfe an für Botengänge und Erledigungen. Der Pfarrer lud ihn zum Essen am Heiligen Abend bei sich ein. Da gab es viel zu erzählen. Und der Wilde Mann war zur richtigen Zeit am richtigen Ort. Das kommt vor. Die Pfarrsekretärin war gerade Rentnerin geworden. Mit einem Handschlag wurde ein Vertrag geschlossen. Das Äußere kam später. Seitdem hieß die Gemeinde im Volksmund »zum heiligen Antonius mit dem Wilden Mann«.

Detlef Kuhn

In alten Verstecken
können
Schätze liegen
und verborgen sein,
die plötzlich
eine Kostbarkeit erlangen.

Es kann
so manches in Vergessenheit
geraten
und wie von altem Efeu
überwuchert werden.

Die Gegenwart kann sich
bisweilen
sehr bestimmend
präsentieren.

Und doch kann sie sich
nur ergeben
im Lauf der Zeit
und im Gefüge von
Ereignissen.

Und wie ein altes Lied
klingt der Gedanke,
dass alles Dunkle
letztlich
in das Licht gehört.

DIE ALTE LEITER

Über Nacht hat es gefroren. Schneekälte liegt über den aneinandergrenzenden Erbhöfen. Frost wohnt auch in den Herzen. Seit Generationen sprechen die Großbauern nicht miteinander. Es geht um den Lauf eines Zaunes. Genaues weiß niemand. So wird das Schweigen durch die Zeit weitergegeben. Trotz und Stolz verhindern den ersten Schritt.

Eine weiße Decke aus Ruhe und Frieden hat sich über das Land gelegt. Am Waldrand stehen Wintertannen. Die Nachmittagssonne schenkt Farbenzauber. Da öffnet sich auf dem Oberhof die Tür zum Haupthaus. Der alte Hofhund reckt seine Nase in die Luft und atmet tief ein. Mit einem Sprung landet er im Tiefschnee und wälzt sich nach Herzenslust. Die Bauerntochter steht da und lacht über den Übermut des Tieres. Das genießt den Augenblick und rennt und rennt bis über die Grenze zum Nachbarhof. Die Rufe des Mädchens bleiben ohne Wirkung. In Weitsprüngen geht es in die Richtung des Ententeiches. Nun stapft auch sie hinterher. Ihre Hellstimme schallt von den Hügeln zurück. Das Lachen ist der Sorge gewichen und zur Angst geworden. Schon ist der Rand des Teiches erreicht. Die Pfoten gleiten ohne Halt über das Brucheis. In der Mitte gibt es nach. Der Sohn des Unterbauern hat die Notschreie gehört und ist vors Haus getreten. Sofort erkennt er die Gefahr. Da sieht er die Leiter. Sie steht immer dort. Mit den Jahren ist Efeu darübergerankt. Er ergreift sie und rennt zum Weiher. Das Mädchen steht in Tränen am Rand. Ohne ein Wort legt er das Holz auf das Eis. Dann legt er sich darauf und arbeitet sich vor bis zu dem Hund. Jetzt hat er ihn. Vorsichtig greift er in das Fell und zieht den Veteranen Stück um Stück zu sich und auf Festgrund. Das Tier schüttelt das Fell und besprüht die Umstehenden mit Kaltwasser. Die haben in Erleichterung das Lachen wiedergefunden. Auch die Altbauern und andere aus den Gehöften sind dazugekommen. Da stehen sie seit unbekannten Zeiten wieder beieinander. Verlegenheit liegt in den Gesichtern.

Der Junge nimmt schweigend die Leiter und bringt sie an den alten Platz zurück. Als das Holz an die Mauer stößt, klingt es hohl. Das hören alle. Niemand spricht ein Wort. Das haben sie verlernt. Vererbte Sprachlosigkeit findet schwer zu einer Stimme. Der Junge aber klettert die Sprossen empor und findet hinter Ästen und Blättern eine Holzklappe. Seine Kleidung ist durchnässt. Doch die Spannung lässt die Kälte vergessen. Fragend blickt er nach unten. Dort stehen sie alle und nicken. Noch immer haben sie keine Worte gefunden. Er schiebt den Riegel zur Seite und bewegt das alte Holz in den Scharnieren. Es ist nur eine kleine Öffnung. Vorsichtig tastet er in das Innere. Im Halbkreis um die Leiter steigt die Spannung. Da fühlen seine Hände einen Gegenstand. Es ist eine Metallröhre. Behutsam steigt er die Leiter hinab. Ehrfürchtig hält er das Stück mit beiden Händen und übergibt es dem Unterbauern. Der hebt den Deckel und findet darin ein Schriftstück, aufgerollt wie ein altes Pergament. Die Abenddämmerung spendet gerade noch das Leselicht. Er erkennt den Inhalt. Ernst blickt er in die Runde. Dann gibt er das Papier dem Oberbauern. Der liest den Text und gibt den Fund zurück. Noch immer ist kein Wort gesprochen. Es ist die verschollene Erburkunde. Deretwegen waren Streit und Feindschaft aufgekommen und vererbt worden. Die beiden sehen einander an und nicken. Auf einen Wink klettert der Junge hoch und verschließt das Amtsschreiben wieder an alter Stelle. Der Hund schüttelt sich noch einmal und weckt die Gemüter. Da finden sie ihre Sprache wieder und gehen gemeinsam ins Haus. Der Ofen wärmt, der Kaffee dampft. Alle sind dabei. Und es wird ein langer, guter Winterabend.

Britta Grothues

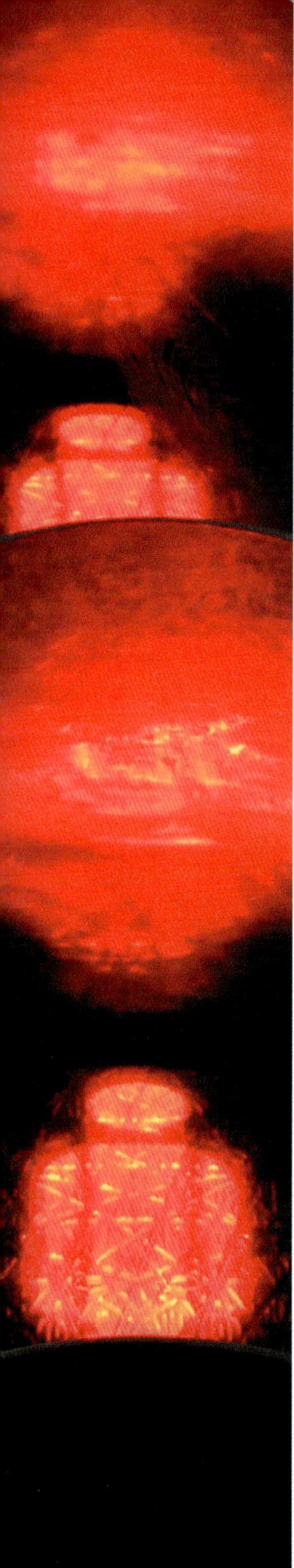

Engel durchziehen das Leben.
Sie kennen sich aus in der Welt.
Sie kommen als himmlische Boten
hinein in den Raum und die Zeit.

Engel sind Meister der Tarnung.
So fallen sie nirgendwo auf.
In Masken und aller Verkleidung
erfüllen sie ihren Beruf.

Engel sind täglich zu sehen
in mancher Gestalt und Erscheinung.
Sie bringen die göttliche Liebe
und zeigen die Wege des Friedens.

Engel sind freundlich und hilfreich.
Sie schenken versöhnendes Lächeln.
Sie schützen die Wege der Menschen
und sind voller Rücksicht und Güte.

Engel behüten die Schwachen.
Sie sind auf der Seite der Armen.
Sie wirken alltägliche Wunder
und kommen daher wie die Menschen.

KNEIPENGESPRÄCH

In einer Kneipe sitzen zwei Damen bei einem Kaffee. Männer genehmigen sich am Tresen einen Dämmerschoppen. Aus den Lautsprechern klingt Weihnachtsmusik. Überall erinnern bunte Kugeln und Tannenzweige an das bevorstehende Fest. In Bierlaune werden die Weltpolitik und die lokalen Ereignisse kommentiert. Manchmal kommt es zu einem Gelächter. Jeder Beitrag scheint für den ganzen Schankraum bestimmt zu sein. Das gilt auch für das Gespräch der beiden Damen. Dann wird es plötzlich leise. Eine der beiden erzählt mit Lautworten Unglaubliches.

Sie ist nicht religiös. Dafür hat sie keine Zeit. Außerdem kann sie an all diese Dinge nicht glauben. Aber Weihnachten wird gefeiert. Das muss sein, schon wegen der Enkel. Sie kommt gerade mit ihrem Mann vom Festeinkauf. Der sitzt jetzt an der Theke. Er scheint ein wenig verlegen. Doch seine Frau fährt unbeirrt fort:

Sie haben das Eingekaufte nach Hause gebracht und machen sich auf den Weg in die Stammkneipe. Der Weg dorthin führt über die Hauptstraße. Unterwegs sind sie in ein Gespräch vertieft. Es geht um die Familie und um die Nachbarn. Davon sind sie ganz in Beschlag genommen. So erreichen sie den Straßenübergang. Von der Ampel leuchtet ein Rot. Das sehen sie aber nicht. Zu sehr sind sie mit ihren Gedanken bei anderen Dingen und anderen Menschen.

Die Frau geht einen Schritt vor ihrem Mann. So erreicht sie den Straßenrand als Erste. Wie abwesend geht sie los bei Rot. Der Verkehr fließt in einiger Geschwindigkeit. Bei ihrem ersten Schritt geschieht dann das Unglaubliche. »Halt!« Unüberhörbar dringt dieses Wort in ihr Ohr. Laut und bestimmend bringt sie der Befehl zum Stehen. Gleichzeitig greift eine Hand um ihren Oberarm. Der Schrecken und die Kraft verhindern den Schritt in die Gefahr. Alles geschieht in einem Augenblick. Dann ist sie bei sich.

Der erste Blick gilt ihrem Mann. Der hat nun auch das Rot gesehen. Doch gehört und gesehen hat er nichts. Er hat seiner Frau nichts zugerufen. Er hat sie auch nicht zurückgehalten. Beide blicken um sich herum. Da ist niemand. Weit und breit ist niemand. Der Frau klingt es noch in den Ohren. Am Oberarm spürt sie noch den Druck des Griffs. Das muss sie jetzt unbedingt erzählen. Es ist ganz still. Nur die Musik rieselt noch durch den Raum.

Dann hebt einer das Bierglas und prostet ihr zu. Er will damit die Stimmung wieder auf den Boden holen und spricht vom Glück und vom Schwein. Manchmal muss man Glück haben. Manchmal muss man Schwein haben. Das sagt man so. Die Männer wenden einander wieder zu. Schnell haben sie ein neues Thema. Die beiden Damen haben über ihrem Kaffee die Köpfe zusammengesteckt. Die eine war noch nicht fertig. Mit den Männern kann man darüber nicht sprechen. Sie hat sich das alles nicht eingebildet. Und sie ist auch kein frommer Mensch. Von einer Kirche klingen die Abendglocken in die Schenke. Sie hat mit alledem nichts zu tun. Aber von einem ist sie an diesem Tag überzeugt. »Der an der Ampel war mein Schutzengel.«

Jürgen Kuhn

In Kinderherzen
können Blumen wurzeln.
Das sind Gewächse
von bemerkenswerter Schönheit.
In unbeschwertem Ernst
kann etwas Gutes
in der Kinderzeit beginnen
und dann ein Leben lang bestehen.

Erwachsene mit Kinderherzen
können Blütenträume denken.
Sie haben nie vergessen,
dass sie durch Märchenräume zogen
und mit Bäumen oder bunten Steinen
tiefe Kindergespräche führten.

In Kinderköpfen wohnt
eine bestimmte Kinderlogik.
Wenn nichts mehr hilft,
kommt ein geheimer Zauberspruch zum Zug
und feiner Sternenstaub
bringt Lichtglanz in die Nacht.

Erwachsene mit ewigen Gedanken
aus der Kinderzeit
verfügen über einen Lebensschatz
aus bunten Kinderedelsteinen.
Die können sie
in Märchen und Geschichten
in ihrer Lebensweisheit
weitergeben und verschenken.

DIE DREI MEISTER

Von Kindesbeinen an halten sie zusammen. Die ersten Schritte setzen sie gemeinsam in das Leben. Es folgen Kinderjahre mit Kinderträumen. Alle Wege gehen sie gemeinsam.

An einem Tag kommen sie in ihrem Geheimversteck zusammen. Den Weg dorthin kennen nur sie. Einer hat die Pfeife des Großvaters mitgebracht und etwas Tabak. Das Leben liegt nun vor ihnen. Da nehmen sie nacheinander einen Zug aus der Pfeife und geben sich die Hände auf ein ewiges Versprechen.

Nun beginnen die Lehrjahre bis zum Meisterbrief. Einer wird der Dachdeckermeister. Einer wird der Elektromeister. Einer wird der Schreinermeister. Ihr Handwerk wird im Dorf geschätzt. Ihre Werkstätten bestehen schon seit Generationen. So vergeht die Zeit. Ihre Freundschaft hat Bestand. Das gilt auch nach ihrer Hochzeit. Das gilt für ihre Familien. Manchmal nur sind sie für eine Kurzzeit abwesend. Dann treffen sie sich an ihrem Ort. Die Zeit reicht für eine Pfeifenrunde und für einen Handschlag. Dann sind sie wieder in der Werkstatt oder bei einem Kunden. Die Pfeife ist immer noch die des Großvaters. Sie wird sorgsam aufbewahrt und immer nur für eine Kurzzeit mitgenommen.

Die drei gehören zur Dorfgemeinschaft. Jedes Kind kennt sie. In der Zwischenzeit sind neue Menschen dazugekommen. Die eigenen Töchter und Söhne sind erwachsen geworden. Eine neue Generation lernt das Leben. Schließlich übergeben die drei Meister ihr Geschäft an die Jungen.

An diesem Tag kommen sie zusammen und lassen die Pfeife herumgehen. Mit einem Schmunzeln in den Augen kehren sie heim. An diesem Tag haben sie sich etwas Besonderes ausgedacht. Das Jahr geht dem Ende entgegen. Das Weihnachtsfest kommt näher. Da wollen sie einen Adventbrauch im Dorf aufleben lassen. Und so gehen sie jeweils zur Wochenmitte zum Adventklopfen durch die Straßen und Gassen. Das geschah zu Vorzeiten aus Sorge um den Nachbarn. Da wurde das Adventklopfen von innen beantwortet. In einem kurzen Gespräch und bei einer Armenspende ergab sich das Befinden des Besuchten. Später klopften die Kinder frühmorgens zur Roratemesse an die Fensterläden und erhielten dafür als Weckdank ein Adventgebäck. Die drei aber wollen Adventfreude zu den Leuten bringen.

Mit Begeisterung wird die Idee im Dorf aufgenommen. Zur gegebenen Zeit werden die Adventklopfer schon von den Jungen und den Alten erwartet. Mit einem Holzstab klopfen sie an die Tür und singen ein dreistimmiges Weihnachtslied. Mancher drückt ihnen vor dem Weitergehen einen Geldschein für die Armen in die Hand. Schnee bedeckt den Boden. So gehen sie weiter und erreichen schließlich ein Haus am Dorfrand.

Vor kurzer Zeit erst ist eine Familie hier eingezogen. Es ist dunkel. Zögernd klopfen sie den Advent an die Tür. Stille. Dann öffnet sich die Tür einen Spalt weit. Im Kerzenschein erkennen sie das Gesicht einer jungen Frau. Sie stellen sich vor und beginnen mit ihrem Gesang. Nun ist auch ein Mann dazugekommen. Aus dem Innern hören sie die ersten Sprechversuche eines Kindes. Nach dem Lied sprechen sie die Leute an. Sie erfahren von den Sorgen und von widrigen Ereignissen. Es fehlt an allem. Die drei Meister erkennen schnell den Zustand des Hauses und nicken einander zu. Der Spendenverwalter kramt ein Geldbündel aus der Tasche. Dann vereinbaren sie für den nächsten Tag einen Besuch bei Tageslicht. So begeben sie sich auf den Heimweg.

Früh am nächsten Morgen treffen sie sich für eine Kurzzeit an ihrem Geheimort mit der alten Pfeife. Die Runde wird geraucht und die Hände werden ineinandergelegt. Dann geht es zum Haus am Dorfrand. Ein weiteres Spendenbündel ist auch dabei. Das wird nicht schaden. Das eine oder andere haben die drei noch dazugetan. Jeder hat sein Werkzeug mitgebracht. Dann beginnen die Meister ihr Werk. Mit ihrem Geschick und ihrem Handwerk verrichten sie Wunderdinge. Kurz vor dem Fest ist alles getan. Im Dorf erfährt niemand davon. Die drei Meister hüten ihr Geheimnis. Doch für die Familie ist eine Tür in eine gute Zukunft geöffnet. Jetzt kann Weihnachten werden. Die drei Meister aber treffen sich mit der Pfeife für eine Kurzzeit an einem geheimen Ort und schlagen ihre Hände ineinander.

Jürgen Kuhn

Aus bisweilen fernen Kindertagen
klingen bis hinein in eine Gegenwart
vertraute Kinderstimmen
mit geheimnisvollem Kinderwissen,
wenn
ihnen nicht der Mund verboten wird.

Aus einer fernen Kinderwelt
leuchten im Glanz von Kinderaugen
Zaubersterne
in die Jetztzeit der Erwachsenen,
wenn
ihnen Raum geboten wird.

Aus einem fernen Kindergeist
ist feiner Herzschlag zu vernehmen
mit der Begeisterung und jener hellen Freude,
die kleine Füße
zum Hüpfen und zum Tanzen bringt,
wenn
sie nicht stören oder lästig werden.

Das Kind in der Geschichte jedes Lebens
weiß die Geheimnisse,
die Märchenwelt und Lebenswelt
zur Einheit werden lassen.

Wenn
dieses Kind zu Wort kommen darf,
so dann und wann,
sind Wolken angenehme Reisemittel,
und Blumen können reden und erzählen.

DIE WEIHNACHTSKARAFFE

An diesem Tag ist er noch sehr jung. Ein Kind. Da findet er im Haus eine alte Karaffe. Die hat einen bauchigen Körper und einen schlanken Hals. Etwas unter dem hinteren Teil der Öffnung bis zum Beginn der Wölbung zieht sich der elegant geschwungene Glasgriff. Ein Glaskorken verschließt sie. Darauf befindet sich eine Glaskugel. Die Karaffe besteht ganz aus Glas. Sie ist durchsichtig. Nach einer Frage und einer Bitte gehört sie ihm. Vielwissende Herzen schlagen höher. Vielsagende Blicke werden getauscht. Die anwesenden Generationen blicken ihm nach. Er ist der Jüngste in diesem Kreis. An den langen Winternachmittagen stöbern die Kinder auf dem Dachboden. Das ist ein alter Brauch. Vieles dort hat seine Geschichte. Jetzt hat er sie gefunden.

Es ist die Weihnachtskaraffe. In den vielen Wintern hat sie immer wieder ein Kind gefunden. Die Erwachsenen sind immer einverstanden. Jedes Mal hören sie das Pochen ihrer Herzen. Jedes Mal wechseln sie eingeweihte Blicke. Liebevoll lächeln sie ihm nach. In dieser Zeit sitzen sie gern beieinander. Sie leben in einem alten Gehöft mit vielen Wohnplätzen. In der beginnenden Dämmerung und nach getaner Arbeit kommen sie gern zusammen. Auch Gäste aus der Nachbarschaft sind willkommen. Es duftet nach Bohnenkaffee. Gebäck liegt in einer Schale. Sie denken an das Kind mit der Weihnachtskaraffe. Es ist wie ein altes Vermächtnis. Und es ist gut so. Sie haben es alle so erlebt. Das Kind wird die Bedeutung dieses Augenblicks erste Jahre später entdecken. Jetzt aber sitzt es im Dämmerlicht in einem Nebenraum unter dem kleinen Fenster. Ohne Absprache flüstert es dem Gefäß zu und gibt ihm den alten Namen. Das haben vor ihm alle Erwachsenen genauso getan. Wie in einem Zauber haucht es das Wort »Weihnachtskaraffe«. Nun greift es zur Glaskugel und zieht den Glaskorken aus dem schlanken Hals. Ohne Absprache kennen die Erwachsenen in der Wohnstube den Ablauf.

Das Kind führt die Glasöffnung ganz nah an den Mund. Dann schließt es die Augen. Von nebenan ist das gedämpfte Erzählen der Erwachsenen zu hören. Noch einmal atmet es tief und holt weit Luft. In den Gedanken der Erwachsenen mit den Erwachsenengesprächen ist das Geheimnis dieser Stunde verborgen. Nun haucht das Kind, nur für das Herz hörbar, Worte in die Weihnachtskaraffe. In diesem Augenblick bleibt die Zeit stehen und ist ohne jede Bedeutung. Dann ist alles gesagt. Behutsame Kinderhände verschließen das Glas. In einer Kindergeheimnistruhe verbirgt das Kind den wertvollen Besitz. Dort wird er bleiben, bis er wieder auf den Dachboden gebracht wird. Das wird Jahre dauern. Dann wird im Zwielicht eines Wintertages ein Kind erneut die alte Karaffe entdecken und ihr den Namen Weihnachtskaraffe geben. Das wird noch dauern. Jetzt aber hat das Kind alle geheimen Kinderweihnachtswünsche und alle Kinderlebensträume in das alte Stück hineingesagt und es fest verschlossen. An einem Abend, kurz vor dem großen Fest, wird es erwachsen sein und mit den anderen Erwachsenen beisammensitzen. Dann wird ein Kind die Frage und die Bitte stellen und mit der Karaffe in den Nebenraum gehen. Das ist bei ihnen so. Und alle in dem Kreis werden dem Kind nachlächeln und sich daran erinnern, dass sie Kinder waren mit geheimen Kinderweihnachtswünschen und Lebenskinderträumen.

Britta Grothues

Britta Grothues, Dipl. theol., ist Mitglied der Schulleitung der Internationalen Friedensschule Köln / Cologne International School. Von 2003 bis 2007 war sie am Lehrstuhl für Religionspädagogik und Katechetik der Ruhr-Universität Bochum und über viele Jahre hinweg als Referentin und Seminarleiterin in der Jugend- und Gemeindepastoral tätig.

Detlef Kuhn ist Priester im Bistum Essen mit Schwerpunkten in der Liturgie, der Sakramentenpastoral, Pilgerfahrten, Gemeindemission, Verbands- und Jugendseelsorge.

Jürgen Kuhn ist Priester im Bistum Essen. Seine Schwerpunkte liegen in der Liturgie, der Sakramentenpastoral, der tiergestützten erlebnisorientierten Pastoralpädagogik, Verbands-, Schul- und Jugendseelsorge.

Britta Grothues
Detlef Kuhn
Jürgen Kuhn

PATMOS

Andere Geschichten für die weihnachtliche Zeit

120 Seiten, Hardcover mit Leseband

ISBN 978-3-8436-1166-4

Britta Grothues
Detlef Kuhn
Jürgen Kuhn

DER ENGEL SAGTE: ER IST DA

Andere Geschichten für die weihnachtliche Zeit

120 Seiten, Hardcover mit Leseband
ISBN 978-3-8436-1331-6

VERLAGSGRUPPE PATMOS

PATMOS
ESCHBACH
GRÜNEWALD
THORBECKE
SCHWABEN
VER SACRUM

Die Verlagsgruppe
mit Sinn für das Leben

Die Verlagsgruppe Patmos ist sich ihrer Verantwortung gegenüber unserer Umwelt bewusst. Wir folgen dem Prinzip der Nachhaltigkeit und streben den Einklang von wirtschaftlicher Entwicklung, sozialer Sicherheit und Erhaltung unserer natürlichen Lebensgrundlagen an. Näheres zur Nachhaltigkeitsstrategie der Verlagsgruppe Patmos auf unserer Website
www.verlagsgruppe-patmos.de/nachhaltig-gut-leben

Idee und Konzeption: Maria Thomauske, Britta Grothues

Verlagsgruppe Patmos in der Schwabenverlag AG, Ostfildern
www.verlagsgruppe-patmos.de

Idee und Konzeption: Maria Thomauske, Britta Grothues
Umschlaggestaltung: Finken & Bumiller
Umschlagabbildung: madlen / shutterstock
Innengestaltung: Maria Thomauske
Satz: res extensa, Norbert Thomauske, Duisburg

Bildnachweis:

Seite 60/63:	Fra Angelico: Verkündigung an Maria, Wikipedia
Seite 74/77:	Merry Joseph Blondel: Richard I the Lionheart, King of England, Wikipedia
Seite 90/93:	Great conjunction from Persepolis, Wikimedia Commons, Urheber: TahaAliabadi
Seite 112/115:	empty-antique-crystal-pitcher-glass-handle Shutterstock, Urheber: anutr tosirikul
Alle übrigen Fotos:	Pixabay GmbH

Druck: Finidr s.r.o., Český Těšín
Hergestellt in Tschechien
ISBN 978-3-8436-1397-2